소란한 세상에서
나를 지키는 말습관

일러두기

각 에피소드는 작가의 칼럼을 모아 주제별로 엮은 것으로
연속적인 시간순으로 연결된 것이 아닙니다.

소란한 세상에서 나를 지키는 말습관

초판 1쇄 발행 2025년 5월 20일

지은이 이주윤

펴낸이 조기흠
총괄 이수동 / **책임편집** 이지은 / **기획편집** 박의성, 최진, 유지윤
마케팅 박태규, 임은희, 김예인, 김선영 / **제작** 박성우, 김정우
디자인 나침반 / **교정교열** 서진

펴낸곳 한빛비즈(주) / **주소** 서울시 서대문구 연희로2길 62 4층

전화 02-325-5506 / **팩스** 02-326-1566
등록 2008년 1월 14일 제 25100-2017-000062호

ISBN 979-11-5784-804-1 03700

이 책에 대한 의견이나 오탈자 및 잘못된 내용은 출판사 홈페이지나 아래 이메일로 알려주십시오.
파본은 구매처에서 교환하실 수 있습니다. 책값은 뒤표지에 표시되어 있습니다.

hanbitbiz.com hanbitbiz@hanbit.co.kr facebook.com/hanbitbiz
post.naver.com/hanbit_biz youtube.com/한빛비즈 instagram.com/hanbitbiz

Published by Hanbit Biz, Inc. Printed in Korea

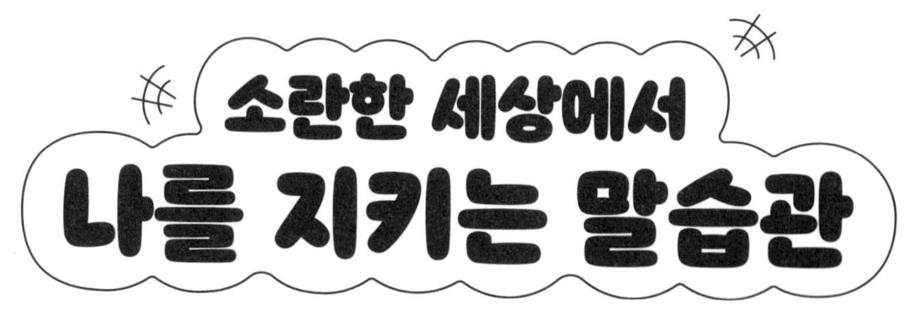

소란한 세상에서 나를 지키는 말습관

불행도 다행으로 만드는 나만의 기술

이주윤 지음

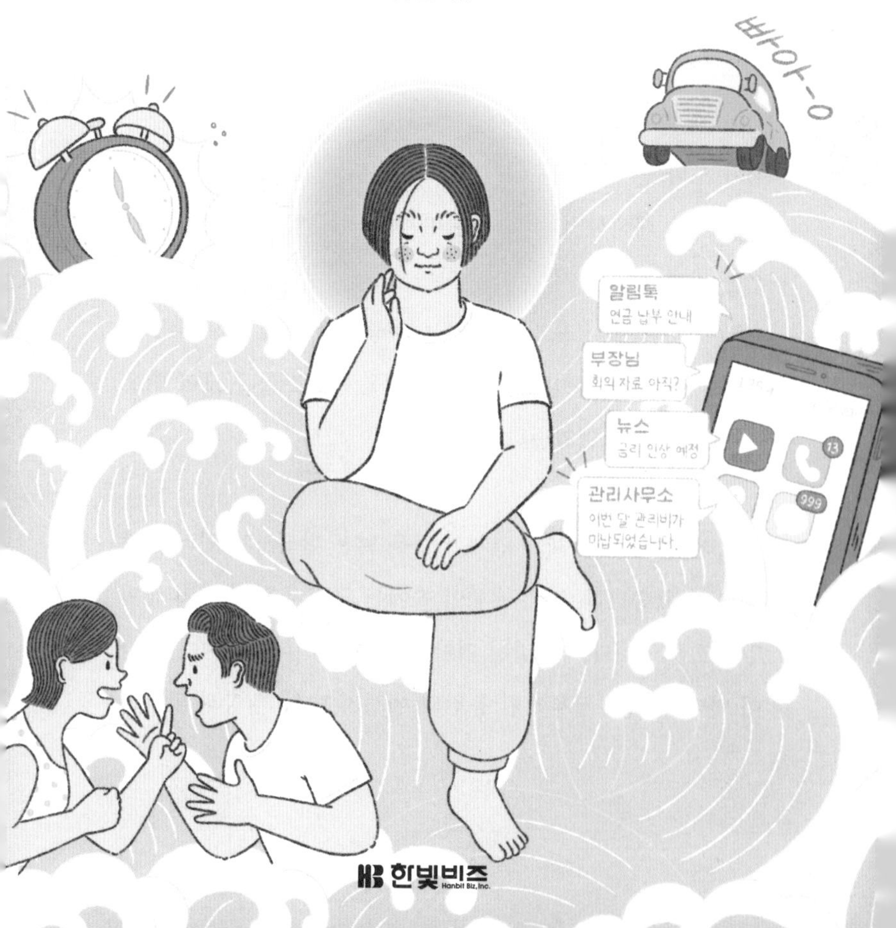

HB 한빛비즈 Hanbit Biz, Inc.

내가 나에게 건네는 다정한 말

비가 오나 눈이 오나 직장인은 회사에 출근합니다. 기분이 좋든 나쁘든 내색하지 않고 맡은 바 책임을 다해 일하지요. 글을 쓰는 일이 직업인 저 역시, 날마다 노트북 앞으로 출근합니다. 여러 권의 책을 쓰느라 정신없는 와중에 신문에 에세이도 연재하지요. 해야 할 일이니까 그저 했을 뿐, 그 글을 모아 책으로 엮을 생각은 없었습니다.

그러던 어느 날, 제가 연재한 글을 읽은 편집자가 이러한 말을 전해 왔습니다. 저의 에세이 속에는 긍정의 한 문장이 숨어 있다고 말입니다. "다 잘될 거야" "이 또한 지나갈 거야" "시간이 약이야"처럼 상투적인 응원의 메시지 대신, 일상과 맞닿아 있는 문장을 정리해 독자에게 전달한다면 커다란 위로가 될 거라고 말했지요.

가당치 않은 이야기라 생각했습니다. 애초에 저는 긍정적인 사람이 아니었으니까요. 그런데 연재한 글을 다시금 찬찬히 읽은 끝에, 부정적인 상황에서 어떻게든 희망을 끌어올리려는 제 모습을 발견했습니다. "글 써서 먹고살겠니" "더 늦기 전에 결혼이나 해라" "판매가 저조해 인세가 충분치 않습니다" 따위의 말을 견뎌 내며 지금껏 이 직업을 유지할 수 있었던 이유는, 글을 쓰며 스스로를 위로한 덕이 아닐까 싶습니다.

이 책은 이렇게 시작되었습니다. 우선, 에세이 속에서 일상에 도움이 될 만한 '오늘의 한마디'를 뽑았습니다. 페이지를 넘기다 보면 부정적인 감정을 털어 내는 말, 지금의 내 삶을 사랑하는 말은 물론 타인과 더불어 잘 살아가고자 노력하는 말까지 자연스레 익힐 수 있을 것입니다. 각 글의 마지막에는 함께할 수 있는 '오늘의 미션'도 덧붙였는데요. 하루를 다정히 돌아보게 하는 작은 행동들이니 부담 없이 실천해 보셨으면 좋겠습니다.

세상일은 말하는 대로 된다고 하지요. 스스로에게 건네는 한마디가 내일을 조금 다르게 만들어 줄지도 모릅니다. 이 책에 담긴 문장들이 소란한 세상에서 여러분을 지키는 말습관이 되기를, 어쩌다 마주친 불행을 다행으로 슬쩍 돌려주는 유쾌한 기술이 되기를 바랍니다.

2025년 봄

이주윤

4장. 지금의 내 삶을 사랑하는 말

5장. 타인과 더불어 잘 살아가고자 노력하는 말

1장

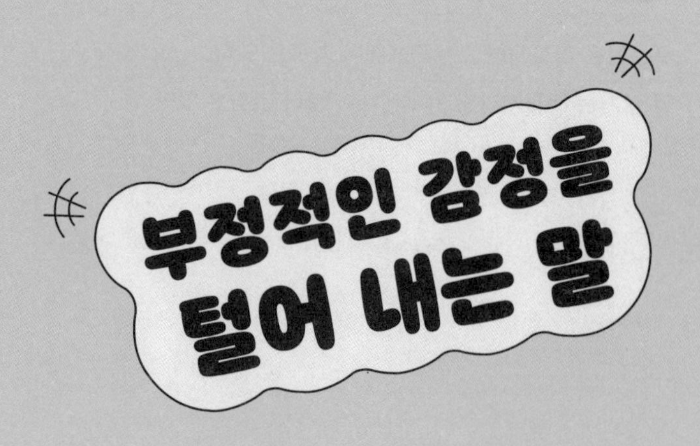
부정적인 감정을
털어 내는 말

01 오늘의 한마디

형태는 다를지라도 누구에게나 저녁은 있다.

◆ 뜻풀이

저마다 어울리는 삶의 방식이 있으므로 세상이 정해 놓은 이상적인 틀에서 벗어난대도 위축될 필요 없다.

◆ 변형

구성원은 다를지라도 누구에게나 가족은 있다.

평 단가는 다를지라도 누구에게나 돌아갈 집은 있다.

땡큐
내가 먹일 테니까 천천히 먹어.
혼자서 다 먹을 수 있으니 오히려 좋아.
고급대나무젓가락

저녁이 있는 삶

남자 얼굴 보지 마! 빨리 결혼해! 얼른 애 낳아! 부모는 자식을 위해 잔소리를 한다. 하지만 그 말이 늘 자식의 마음에 와닿는 건 아니다. 그 모든 잔소리 속에는 자식을 향한 걱정과 사랑이 담겨 있다는 사실을 모르는 바 아니지만, 내 삶의 방향은 그 말과는 조금 달랐다. 남자보다는 내가, 결혼보다는 일이, 애보다는 개가 더 좋았으니 말이다. 결혼을 하지 않겠다고 다짐한 적은 없지만, 혼자 살아가다 보니 어느새 싱글의 삶이 익숙해졌다. 툭 까놓고 말하자면, 결혼하고 싶을 만큼 좋은 사람이 없기도 했고 말이다.

이러한 연유로, 나는 싱글의 삶을 살고 있다. 혼자가 나쁘진 않지만 가정을 이룬 친구를 만날 때면 가슴 깊은 곳에서부터 샘솟는 부러운 마음을 막을 길이 없다. 얼마 전, 새집으로 이사한 기혼 친구의 집을 찾았을 때도 그랬다. 오래간만에 만난 친구의 얼굴은 전에 없이 편안해 보였다. 은은한 미소의 원천은 '퇴사'에 있다는 사실을 부인할 수 없었지만, 그마저도 남편의 지지가 없었다면 불가능한 일이었을 것이다. 친구는 저녁이 있는 삶을 보내는 지금이 너무나 행복하다고 말했다. 출출하면 아이와 함께 쿠키를 굽고, 배고프면 세 식구가 식탁에 둘러앉아 저녁밥을 먹고, 배부르면 다 같이 산책을 하는 밤이 너무나 편안하단다.

친구의 저녁을 방해하고 싶지 않았던 나는 눈치껏 자리에서 일어났다. 그런 내가 향한 곳은 다름 아닌 일터였다. 정말이지 놀고 싶었다. 간절하게 눕고 싶었다. 격렬하게 쉬고 싶었다. 하지만 일을 그만둬도 괜찮다고 말해 주는 남편이 나에게는 없기에 생활 전선에서의 사투는 불가피했다. 치질이 걸리기 전까지는 의자에서 엉덩이를 떼지 않으리. 배수진을 치고 업무에 돌입한 나는 자정이 다 되어서야 자리에서 일어섰다. 너덜너덜해진 손으로 주섬주섬 짐을 챙기며 텅 빈 작업실을 휘 둘러보았다. 그때 내 머릿속을 스친 것은 괴롭다거나 외롭다거나 아무 남자하고나 결혼하고 싶다는 생각이 아닌 '이게 내 저녁이구나!' 하는 알아차림이었다.

누구에게나 저녁은 있다. 다만, 사람마다 다른 얼굴과 다른 목소리와 다른 생각을 지니고 있듯 저녁의 형태 역시 다를 뿐이다. 가족과 함께하는 안락한 저녁도 좋지만 치열하게 일한 끝에 맞이하는 고요한 저녁이 나에게는 더욱 어울린다. 휘영청 밝은 달의 호위를 받으며 자정의 산책을 즐긴다. 타인의 저녁을 부러워하는 대신 나의 저녁을 받아들이기로 마음먹으니, 맞이하는 이 없는 컴컴한 집에 들어서는 일도 두렵지 않다. 때마침 초인종 소리가 울렸다. 기쁜 마음으로 현관문을 열었다. 나는 반가운 손님을 와락 끌어안았다. 보쌈 1인분의 따끈한 온기가 온몸에 스르르 퍼지자 하루의 피로가 사르르 녹아내렸다. 그래, 이게 바로 내 저녁이야.

_______________은(는) 다를지라도

누구에게나

_______________은(는) 있다.

☛ 세상의 기준, 고정 관념, 편견 때문에 흔들렸던 순간을 내 삶에 어울리는 방식으로 새롭게 재해석해 보세요.

02 오늘의 한마디

계속해서 넘어지다 보면 나도 낙법의 달인.

◆ 뜻풀이

곤란한 상황이 반복되는 만큼 인생에 유용한 기술을 획득하게 된다.

◆ 변형

계속해서 투자에 실패하다 보면 나도 절약의 달인.

계속해서 절교를 당하다 보면 나도 혼자 놀기의 달인.

정통
낙법원으로
이름을 바꿀까
봐요.

낙법의 달인

사람은 두 다리로 설 수 있다. 그런데 요가원에만 가면 멀쩡한 다리는 내버려두고 자꾸만 머리로 서라고 한다. "자, 이제 매트 뒤쪽으로 가셔서 머리 서기 3분 부동 유지해 봅니다." 선생님의 말씀을 차마 거스를 수 없어 정수리를 바닥에 대고 두 팔을 지지대 삼아 공중으로 다리를 들어 올려 보지만 3분은커녕 1초도 채 버티지 못하고 꽈당 넘어지고야 만다. 선생님은 이런 내가 다치기라도 할 새라 잘 넘어지는 방법을 알려 주고 또 알려 주신다. 여기는 요가원인가 낙법 학원인가. 머리로 잘만 서 있는 사람들 사이에서 이리 구르고 저리 구르다 보면 등허리는 물론 얼굴까지 빨개져 쥐구멍에라도 숨고 싶은 마음이 든다.

요가원으로 향하는 발걸음을 천근만근 무겁게 하는 요인은 이뿐만이 아니다. 내향적인 우리 선생님은 열심히 가르칠 줄만 알 뿐 수강생에게 살갑게 대할 줄은 모른다. 나는 그런 선생님이 싫지 않은데 다른 사람들은 그렇지 않은 모양이다. 수강생이 하나둘 요가원을 그만둘수록 나 혼자서만 수업을 받는 날이 점점 늘어만 간다. 적막한 요가원에 내 거친 숨소리와 꽈당 넘어지는 소리와 옷 비벼지는 소리가 울려 퍼질 때면, '이 부끄러움을 왜 나 혼자서 감당해야 할까' 하는 생각이 머릿속에서 지워지질 않아 요가에 좀처럼 집중이 되지 않는다. 그리하여 요가원 문 앞에만 서면 과외받기 싫어하는 초등학생처럼 나도 모르게 울상을 짓게 되는 것이다.

그런데 얼마 전 놀라운 진실을 알게 됐다. 그건 바로 선생님 역시 요가원에 오기 싫어한다는 사실이다. 선생님이 나에게 귓속말로 직접 고백한 건 아니다. 부동산 앱으로 매물을 구경하며 눈요기를 하던 중 선생님이 요가원을 내놓았다는 걸 우연히 알게 된 것이다. 언젠가 친구가 했던 말이 떠올랐다. 어렸을 적, 엄마가 전 재산을 긁어모아 분식집을 차리셨는데 아무리 기다려도 손님이 오질 않았단다. 친구는 엄마와 함께 텅 빈 가게를 지키던 그 시간이 지옥과도 같았다며 고개를 절레절레 저었다. 선생님의 마음도 그랬을까. 썰렁한 학원에서 홀로 수업받는 나를 대할 면목이 없어 어쩌면 나보다 더 부끄러워하고 있었던 건 아닐까. 선생님과 헤어질 생각을 하니 서운함이 밀려왔다. 하지만 고통뿐인 이곳을 벗어나 천국으로 가시겠다면 기꺼이 보내 드리리.

며칠 후, 한동안 방치돼 있던 요가원 SNS에 장문의 글이 올라왔다. 작별 인사일 거라 생각하며 아련한 눈으로 글을 읽는데 한 줄 한 줄 읽어 내려갈수록 입가에 미소가 번졌다. "운영에 서툰 제가 이곳에서 수련하며 배운 것을 나눌 수 있는 이유는 꾸준히 함께해 주시는 여러분 덕분이라고 생각해요. 여러분들의 일상에 요가가 녹아들 수 있도록 노력할 테니 앞으로도 쭉 함께해요, 우리!" 소상공인을 위한 컨설팅이라도 받았나. 아님, 건물주가 월세를 깎아 주기라도 했나. 그것도 아니라면 로또에라도 당첨된 건가. 이유야 무엇이든 상관없었다. 역경에 굴하지 않고 꿋꿋이 일어서는 선생님을 보니 내 마음이 다 좋았다.

그런 선생님을 본받아 넘어지면 일어서고 또 넘어지면 또 일어서며 머리 서기 맹연습에 돌입했다. 그렇게 수백 번쯤 넘어지고 거듭 일어서다 보니 어느새 두 발끝이 공중으로 향해 있었다. 비록 10초밖에 버티지 못했지만 1초에 비하면 어마어마한 발전 아닌가. 선생님 앞에서 솜씨를 뽐낼 생각에 신이 난 나는 요가원까지 한달음에 달려갔다. 그러나 오늘도 요가원에는 선생님과 나, 두 사람뿐이다. 게다가 나 역시 원점으로 돌아와, 머리 서기를 해 보라는 선생님의 말씀이 끝나기가 무섭게 우당탕 넘어지고야 만다. **선생님도 나도 아직은 위태롭기만 하다. 하지만 또다시 넘어진대도 툭툭 털고 일어설 수 있으리라. 왜냐하면 우리는 세상 제일가는 낙법의 달인이니까 말이다.**

02 오늘의 미션

계속해서 ____________다 보면 나도 ____________의 달인.

☛ **계속 실패하는 일이 있어 마음이 상했다면 그 일을 반복하면서 얻게 된 색다른 지혜나 반대의 유익함을 떠올려 보세요.**

03 오늘의 한마디

눈물은 나약한 마음이 강인해지려 흘리는 땀.

◆ **뜻풀이**

부정적인 감정에 따른 신체 반응은 스스로를 치유하기 위한 자연스러운 과정이다.

◆ **변형**

한숨은 답답한 마음을 비우는 환기.

떨림은 긴장한 마음을 다독이는 손길.

Heart Fitness Report
골격근 분석
신체 분석
90/100점
멸치 탈출 성공!

그로부터 몇 개월 후, 요가원은 결국 문을 닫았다. 폐업의 원인은 선생님의 건강 문제 때문이었다. 힘든 시절을 함께 버텨 온 선생님과 나는 눈물 콧물을 흘리며 작별 인사를 나눴다. 어디에서 무얼 하고 계실지 알 길은 없으나 열심히 넘어지고 씩씩하게 일어서기를 반복하고 계실 거라 믿어 의심치 않는다. 나 역시 계속해서 깨지고 구르는 중이다. 새로운 요가원에 등록했다는 이야기다.

이전 요가원에서는 “머리 서기 3분 부동 유지해 봅니다” 하는 선생님의 말씀이 가장 두려웠다면, 이번 요가원에서는 “차투랑가, 차투랑가 단다” 하는 구령이 제일 끔찍하다. 쉽게 말해 “엎드려뻗쳐, 팔 굽혀 내려가”라는 얘기다. 명령에 가까운 구령을 차마 거역할 수 없기에 있는 힘껏 팔을 굽혀 보지만 내 팔꿈치는 고장이라도 난 듯 160도에서 멈춰 버린다. “더 내려가세요. 더, 더, 더!” 선생님은 이런 나의 등을 지그시 누르며 자세를 교정해 주려 하신다. 그러나 그 압력조차 버거운 나는 초당 400회의 속도로 날개짓을 하는 모기처럼 바들바들 팔을 떨다가 이내 땅바닥으로 푹 퍼져 버리는 망신을 당하고야 만다.

차투랑가의 치욷만 들어도 치가 떨리다 보니 요가원에 가고 싶은 마음이 시나브로 사그라들었다. 하지만 요 몇 달 사이, 여러 가지 일로 마음이 괴로워 강도 높은 수련에 제 발로 참여하기 시작했다. 차라리 몸이 괴로운 편이 낫겠다 싶었기 때문이다. "엎드려뻗쳐, 팔 굽혀 내려가"를 기본으로 "엎드려뻗친 채 한쪽 다리 가슴 향해 굽혀" "다리 하나 들고 팔 굽혀 내려가"와 같은 변형 동작들이 매섭게 이어졌다. 수련 뒤에는 무시무시한 근육통이 어김없이 뒤따라왔다. 어떤 날은 통증을 이기지 못해 앓아눕기도 했다. 그렇게 몇 차례의 몸살이 지나갔다. "차투랑가, 차투랑가 단다." 나는 엎드려뻗쳤고, 팔 굽혀 내려갔다. 그것도 아주 가뿐하게 말이다.

안 되던 동작이 되기 시작하니 요가원으로 향하는 발걸음이 가벼워졌다. 해병대 조교 같은 선생님의 구령이 기다려지기까지 했다. 물론, 개중에 제일 좋아하는 동작은 수련 마지막에 하는 '사바사나'다. 쉽게 말해 드러누워 쉬라는 얘기다. 얼마 전, 폭풍 같은 수련을 마치고 가만히 누워 가쁜 숨을 고르는데 복잡했던 머릿속이 차분히 정리되면서 또르르 눈물이 흘렀다. 온몸은 근육으로 이루어져 있으니 마음에도 당연히 근육이 있겠구나. **그동안 내 마음이 괴로웠던 이유는 온 마음을 다해 살아온 결과로 근육통에 시달렸던 것이로구나. 그러니까 이 가슴앓이가 끝나고 나면 나는 더욱 강한 내가 될 수 있겠구나.**

"손가락 발가락 꼼지락꼼지락. 잠들어 있던 몸을 깨워 봅니다." 선생님 말씀에 몸을 일으켜 세웠다. 눈물로 얼룩진 내 얼굴을 본 옆자리 도반(함께 수행하는 벗)이 괜찮냐는 표정을 지어 보였다. 나는 수건으로 얼굴을 훑으며 자그마한 목소리로 대꾸했다. "아니, 땀이 너무 많이 나 가지고……." 그녀의 귀에는 이런 나의 대답이 눈물을 땀으로 위장하려는 삼류 드라마 속 터프가이의 대사처럼 들렸던 모양인지 탈의실에서 옷을 갈아입으면서도 괜찮냐고 재차 물어왔다. 아유, 이거 진짜 땀이라니까요. 좌로 구르고 우로 구르고 앞으로 취침했다가 뒤로 취침하는 극기 훈련을 이제 막 마친, 내 마음이 흘리는 땀!

______________은(는)

______________________이다.

☛ 무엇이든 내가 어떻게 정의하느냐에 따라 그 의미가 달라지죠. 부정적인 감정을 드러내는 일이 어렵거나 부끄럽게 느껴진다면 그 과정을 통해 자신의 마음이 얻을 수 있는 위안이 얼마나 중요하고 소중한지에 집중해 봅시다.

04 오늘의 한마디

쓰레기 같은 말들이여, 안녕.

◆ 뜻풀이

마음속에 담아 둔 나쁜 말이 자꾸만 떠올라 괴롭다면 쓰레기 하나를 버릴 때마다 한 마디씩 함께 버려 보자.

◆ 변형

여태껏 집도 안 사고 뭐했냐는 비아냥이여, 안녕.

자식이 없으면 늙어서 비참하다는 독설이여, 안녕.

줏대가
있어야지,
사람이!

쓰레기 같은 말

밥심으로 살아가는 한국인에게 밥솥은 필수품이라 할 수 있겠다. 그러나 우리 집에는 그 흔한 밥솥이 없다. 좁아터진 원룸에 사는지라 밥솥을 올려둘 공간이 마땅치 않기 때문이다. 그까짓 밥솥, 수납장을 하나 사서 올려 두면 그만 아니냐 말씀하신다면 그야말로 모르는 소리. 주방용 물품을 하나둘 늘리다 보면 방이 아닌 주방에 사는 신세를 면치 못할 것이다. 사정이 이러하다 보니 소파와 침대를 들여놓지 않음은 물론이요, 먼지 한 톨에도 공간을 내어 주기 아까워 나름대로 청소도 열심히 한다.

좁기로 둘째가라면 서러운 것이 또 하나 있으니 그건 바로 내 마음이다. '이주윤'이 아니라 '주윤발'이라고 출석을 부르던 선생님과, 〈머털도사〉를 보고 있는 나에게 '머털이'를 닮았다고 놀리던 친척 오빠를 생각하면 여전히 울컥할 정도이니, 밴댕이 소갈딱지와 자웅을 겨룬대도 승리는 나의 것임이 분명하다. 요 며칠 저기압인 이유 역시 그놈의 말 때문이다. 기분 좋게 나갔던 자리에서 몹시 언짢은 충고를 들은 것이다. "나이가 마흔이 넘었으면 각자 알아서 사는 거야. 너한테 이래라 저래라 참견하는 사람도 웃긴 거고, 그 말을 듣는 너도 웃겨. 줏대가 있어야지, 사람이." 나는 생각했다. '그러는 지는 왜 이래라 저래라 난리야.'

술김에 내뱉은 실언으로 여기려 했다. 그러나 귓가에 끈적하게 들러붙은 그 말은 좀처럼 지워질 줄 몰랐다. 밥을 먹다가도, 길을 걷다가도, 잠을 자려고 자리에 누웠다가도 불쑥불쑥 화가 치밀어 올랐다. 샤워를 하다가 그 말이 떠올랐던 어느 날은 청소 솔로 화장실 타일을 빡빡 문대며 화풀이를 했다. 그렇게 시작한 청소는 내리 몇 시간 동안 이어졌다. 쉰내 나는 이불이 세탁기에서 돌아가는 동안 창틀에 끼어 있던 묵은 먼지를 닦고, 가스레인지를 점령하고 있던 기름때도 닦았으며, 냉장고 칸막이도 꺼내어 윤이 나게 닦았다. 마지막으로 바닥을 닦을 밀대를 꺼내려 수납장을 여는데 아무렇게나 쑤셔 넣어 두었던 재활용 쓰레기가 와르르 쏟아져 내렸다.

"짜증 나 미치겠네, 진짜!" 참아 왔던 말이 나도 모르게 터져 나왔다. 어지럽게 흩어진 캔이며 페트병을 씩씩거리며 주워 담는데 언젠가 들었던 법륜 스님의 조언이 머릿속을 스쳤다.

"누군가 당신에게 봉지 하나를 줬다. 선물인가 싶어 열어 봤더니 쓰레기만 가득 들어 있다. 버리면 그만인 것을 손에 쥐고서 수시로 열어 보며 화를 낸다면 그자는 어리석은 사람이다. 말 중에도 쓰레기가 있다. 나쁜 말이 바로 '말의 쓰레기'다. 누군가 당신에게 집어 던진 말의 쓰레기를 움켜쥔 채 괴로워하지 말아라. 쓰레기를 버리듯 그저 버려라."

안 그래도 좁은 마음에 쓰레기 같은 말을 꾹꾹 눌러 담고 있었으니 가슴이 터질 듯 답답한 것은 당연한 일이었다. **좁은 집을 넓게 쓰려면 물건을 들이지 않아야 하듯 좁은 마음을 넓게 쓰려면 쓸데없는 말도 품고 있어서는 아니 되는 것이었다.** 재활용 쓰레기로 가득 찬 봉지를 양손에 쥐고 분리수거장으로 내려갔다. 캔 하나를 깡 소리 나게 버리며 주윤발이여, 안녕. 병 하나를 쨍 소리 나게 버리며 머털이여, 안녕. 플라스틱 한 무더기를 우르르 소리 나게 쏟아 버리며 언짢았던 충고들이여, 모두 안녕. 몇 번의 작별 인사 끝에 쓰레기를 모두 털어냈다. 빈 봉지를 말아 쥐고 발길을 돌렸다. 양손이 가벼워져서인지 마음이 가벼워져서인지 알 길은 없으나 집으로 돌아가는 발걸음이 사뿐했다.

______________이여, 안녕!

☛ 쓰레기통에 쓰레기가 가득 차 있나요? 마침 잘 됐습니다. 마음속에 쌓아 둔 기분 나쁜 충고와 속상한 말들을 쓰레기와 함께 버리러 가 볼까요?

05 오늘의 한마디

나는 나를 둘러싼 사람에 대해서는 아무것도 모른다.

◆ 뜻풀이

나는 나를 잘 안다. 그러나 나를 둘러싼 환경에 대해서는 아무것도 모른다. 그 환경과 내가 상호 작용을 하며 만들어 내는 결과는 무한하므로 일단은 부딪혀 봐야 한다.

◆ 변형

나는 이직한 회사에서 어떤 동료를 만나게 될지 전혀 모른다.

나는 고약한 옆집 할아버지가 어떠한 젊은 날을 보내 왔는지 아예 모른다.

안녕하세요, 여러분? 참고로 '겨땀'이 아니라 '곁땀'인데….
쌤 겨땀 났다!
'낫다'를 '낳다'라고 쓰면 이런 일이 일어날 수도 있겠죠?
당신이 낳으라고 하신 우리 아들 감기예요.
제가 언제….
안아 보셔요.
너도 감기 여러 명 낳았잖아!

부딪혀 봐야 아는 것들

가을의 초입마다 종아리를 벅벅 긁는다. 바람 든 무처럼 종아리에 탈이 나 발진이 올라오기 때문이다. 처음에는 좁쌀만 했던 것이 새끼손톱만 하게 커지는데, 너무너무 가려워 살을 뜯어내는 것이 낫겠다 싶을 정도다. 시간이 흐르면 저절로 가라앉기에 크게 신경을 쓰지 않았으나 올해는 발진이 올라온 자리마다 수포가 잡혔다.

병명이라도 알고 싶어 의사를 찾아가 종아리를 내보였다. "벌레에 물리셨네." 아무래도 그건 아닌 것 같다며 증상을 자세히 설명했지만 의사는 그런 내 말을 끊었다. "에고, 독한 놈한테 물리셨네." 자식이 병원에 가라고 성화를 부려도 "내 몸은 내가 제일 잘 알아!" 하며 치료를 거부하는 어르신들의 심정을 알 것만 같았다.

나도 나에 대해서는 세상 그 누구보다 잘 안다. 나와 함께 40년을 지냈으니 당연한 일이다. 피부가 예민해 화장은 언감생심 꿈도 못 꾸고, 사람들과 어울리기보다는 혼자서 지내는 편이 나으며, 잔병치레가 잦은 탓에 에너지 소모가 큰 일은 되도록 피해야 한다.

하지만 이따금, 이런 나의 특성을 잘 모르는 사람들로부터 나와는 어울리지 않는 일을 요청받곤 한다. 분칠을 하고 사람들 앞에 서서 활기 넘치게 강연을 해 달라는 것이다. 나는 안다. 내가 잘 해내지 못할 거라는 사실을 말이다. 하지만 그보다 더욱 잘 아는 것이 있다. 내 사전에 직무 유기란 있을 수 없기에 결국에는 그 일을 수락할 것이라는 사실을 말이다.

그렇게 몇 번의 강연을 했다. 강연을 끝내고 집에 돌아오면 청중들의 하품을 참느라 일그러진 입과 흘긋흘긋 시계를 보는 눈동자가 자꾸만 떠올랐다. 내가 이 일에 소질이 없다는 풍문이 퍼지길 바랐다. 그런데 저 멀리 여수까지는 나의 바람이 미처 닿지 않은 모양인지 어느 남자 중학교에서 맞춤법에 관한 강연을 해달라는 요청이 들어왔다. 서울에서 여수까지, 그 빠르다는 KTX를 타도 왕복 7시간이 걸린다.

게다가 중학생 중에서도 남자 중학생이라니. 수염 거뭇한 얼굴로 삐딱하게 앉아 흥미에도 없는 강연을 듣다가 "쌤, 이거 언제 끝나요?" 하며 저희끼리 낄낄 웃어 댈 모습을 생각하니 시작도 전에 땀이 났다. 하지만 내 몸은 이미, 여수행 KTX에 실려 있었다.

천안, 익산, 남원, 구례를 지나 여수에 도착했다. 벌컥벌컥 물을 들이켜며 숨을 돌리는 나에게 사서 선생님이 말씀하셨다. "아이들이 여자 선생님이냐고 묻더라고요. 남자 선생님은 재미없대요." 아이들이 그렇게 단순하냐는 나의 물음에 선생님이 쿡쿡 웃으셨다. "우리 애들은 초등학교 5학년이라고 생각하시면 돼요."

곧이어 수염 따위 찾아볼 수 없는 보송보송한 얼굴의 아이들이 도서관으로 모여들기 시작했다. 변성기의 한가운데를 지나는 목소리가 그다지도 낭랑할 수 있다는 사실에 한 번, 썰렁한 나의 농담에 배를 잡고 웃는 모습에 또 한 번, 선물로 준비한 과자를 받아 들고서는 세상을 다 얻은 것처럼 행복해하는 모습에 다시 한 번 놀랐다.

강연이 끝난 후 사서 선생님께서 나눠 준 설문지를 작성하는 아이들을 곁눈질로 훔쳐봤다. 아이들은 '이번 강연을 통해 얻은 것이 있나요?'라는 질문에 내가 가르쳐 준 맞춤법 이것저것을 써넣고 있었다. 나는 흐뭇한 표정으로 짐을 정리하며 마음속으로 그 질문에 대한 답을 해 봤다.

나는 나에 대해 잘 안다. 그러나 나를 둘러싼 사람들에 대해서는 아무것도 모른다. 세상에 같은 사람은 단 한 명도 없다. 이 말인즉, 그들과 내가 상호 작용을 하며 만들어 내는 결과는 그야말로 무한하다는 이야기다. 경험의 결과를 지레짐작하여 단정 짓는 교만은 이쯤에서 그만 부리는 것이 좋겠다. 직접 부딪혀 보기 전에는 결코 알 수 없는 것이므로.

"쌤, 언제 또 오세요?" 아쉬운 눈망울로 내 뒤를 쫓는 아이에게 손을 흔들었다. "불러 주면 또 올게!" 교문을 나서자 긴장이 풀렸는지 허기가 졌다. 여수에 오면 아귀탕을 먹겠노라 벼르고 있던 터라 식당이 모여 있는 골목으로 직행했다. 적당한 곳에 들어가 아저씨들 틈바구니에 엉덩이를 붙이고 앉았다. "사장님, 여기 아귀탕 하나 주세요!"

그때 옆자리에서 장어탕을 드시던 할아버지가 들릴 듯 말 듯한 목소리로 말씀하셨다. "12월이나 돼야 맛있는 거야. 아귀는……." 서울에서 아귀 음식점을 골백번도 더 갔지만 이런 얘기를 해 준 사람은 아무도 없었는데. 하기야, 서울 촌놈들이 뭘 알겠는가. 역시 뭐든 부딪혀 봐야 안다니까.

05 오늘의 미션

나는 ____________ 에 대해서는 아무것도 모른다.

☛ 내가 잘 못하는 일을 해야 해서 걱정이 될 때 나와 상호작용할 주변 사람들이 나를 도와줄 것이라고 믿고 좀 더 가벼운 마음으로 도전해 봅시다.

06 오늘의 한마디

훈주는 다음 생에 낳아 드리리.

◆ 뜻풀이

내 인생에 훈수를 두는 상대방과 옥신각신하며 감정을 소모하지 말고 다음 생에 그리하겠다며 농담처럼 넘겨 버리자.

◆ 변형

결혼은 다음 생에 세 번쯤 해 보리.

저속 노화 식단은 다음 생에 시도해 보리.

건강하려면 일찍 자
하나만 낳아
다음 생에 할 일들

다음 생을 약속하며

산부인과 대기실에서 진료를 기다리고 있는데 엄마에게서 전화가 왔다. “얘, 승연이 다음 달에 애 낳는단다! 걔가 외국에 사니까 그걸 이제야 알았지 뭐니?” 친척 언니가 아기 엄마가 된다는 소식에 “잘 됐다!” 하는 축하보다 “힘들어서 어떡해!” 하는 걱정이 먼저 튀어나왔다. 나보다 꼭 한 살 많은 언니는 올해로 마흔하나다. 사십 대에 접어들면서부터 걸핏하면 비실비실 앓고 있기에, 안과에 갔다가 이비인후과에 들렀다가 산부인과까지 방문한 날 그러한 전화를 받았기에, 정확히 말하자면 ‘산과’가 아니라 ‘부인과’지만 뭐 어쨌건 그러했기에, ‘내 한 몸 건사하기도 이렇게 벅찬데 언니는 얼마나 힘이 들까’ 하는 염려가 되었던 것이다.

나의 말을 잘못 이해한 엄마가 별걱정을 다 한다는 듯 피식 웃었다. “애 키우는 게 힘들긴 뭐가 힘들어. 네가 낳으면 엄마가 다 봐줄 테니까 일단 하나 낳아 봐!” 엄마의 어이없는 제안에 콧방귀가 절로 나왔다. 하늘을 봐야 별을 따고 남편이 있어야 아이를 낳지! 엄마는 나를 무슨 성모 마리아쯤으로 여기는 모양이다. 하기야, 남편이 없는 나도 나지만 남들 다 있는 손주가 없는 엄마 역시 마음 한편이 허전하기는 할 테지. 하지만 세상일이 어디 제 뜻대로만 흘러가는가. 나는 "조카딸도 딸이니까 손주 삼아 봐주면 되겠네!" 하는 말로 대화를 끝내려 했으나 엄마는 남의 손주가 아닌 '내 손주'가 갖고 싶다며 연신 징징거렸다.

엄마의 '내 손주' 타령은 며칠 내내 이어졌다. 철없는 아이가 장난감을 사 달라고 끈질기게 조르는 것처럼 말이다. 나이를 먹으면 먹을수록 아이가 된다는 말이 실감 나는 순간이었다. 안 그래도 몸이 축나 힘이 들어 죽겠건만, 자꾸만 터무니없는 소리를 하며 들들 볶아 대니 정말이지 죽을 지경이었다. 하지만 나는 애써 짜증을 삼켰다. 아무것도 모르던 젊은 시절에 아무것도 없는 남자와 결혼해 나를 낳은 엄마. **하고 싶은 것도, 갖고 싶은 것도, 먹고 싶은 것도 많은 어린 나에게 "다음에"라는 대답밖에 할 수 없었던 엄마.** 도망치고 싶을 만큼 힘겨운 나날을 견디다 보니 어느새 노인이 되어 버린 엄마. 엄마가 나에게 베풀었던 사랑을 이제는 그대로 갚을 차례니까.

오늘도 엄마에게 전화가 왔다. 누구는 결혼을 했네, 누구는 아이를 낳았네, 누구는 글쎄 셋째를 가졌네, 하는 이야기 끝에 더 늦기 전에 하나 낳아야 하지 않겠냐는 은근한 압박이 들어왔다. 엄마의 이야기를 잠자코 듣던 나는 대답했다. "다음에." **됐다는 말도 아니고, 싫다는 말도 아닌, 다음이라는 대답이 생경했는지 "뭐라고?" 하며 엄마가 반문했다. "지금은 어렵고 다음에. 다음 생에는 내가 손주 하나 꼭 낳아 드릴 테니까 좀만 기다리셔!"** "얘, 그걸 지금 농담이라고 하니?" 노발대발하는 엄마의 목소리가 휴대 전화 밖으로 튀어나왔다. 아이참, 엄마한테 배운 대로 했는데 이게 아닌가?

06 오늘의 미션

______________ 은(는) 다음 생에 ______________ 하리.

☛ 소설가 은희경은 《새의 선물》에서 이렇게 말했습니다. '삶은 농담인 것이다'라고 말이지요. 다음 생에 그리하겠다는 농담, 가벼운 마음으로 시도해 보세요.

2장

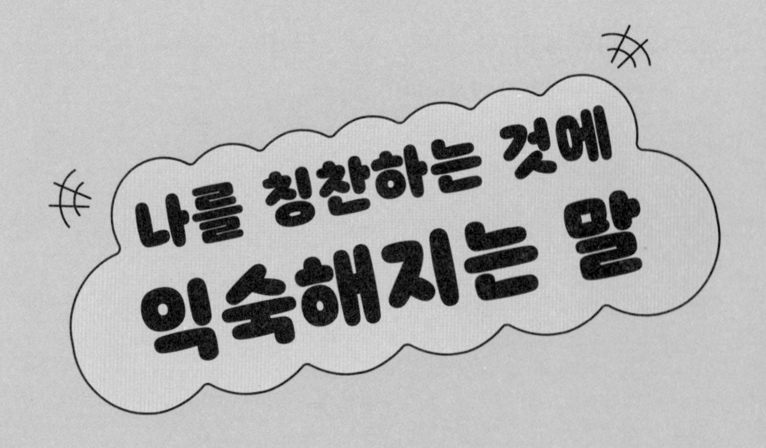
나를 칭찬하는 것에
익숙해지는 말

07 오늘의 한마디

나는 나의 가장이야.

◆ 뜻풀이

나 자신이 내 삶의 주체이자 가장 큰 지지자다. 누군가의 도움 없이, 스스로를 사랑하고 돌보는 독립적인 태도를 가지자.

◆ 변형

나는 나의 애인이야.

나는 나의 팬클럽 회장이야.

나야!
힘내세요-♪
내가 또
있잖아요-♫

가장이라는 이름으로

서점에서 책을 보는데 웬 훤칠한 남자가 다가와 명함을 건넸다. '남자란 족속은 정말 못 말려. 보라는 책은 안 보고 왜 날 보고 그래.' 씰룩거리는 입꼬리를 들키지 않으려 명함으로 눈길을 돌렸다. 그는 거시기 결혼 정보업체에서 일하는 머시기 사원. 몹시 당황한 내가 "어, 저는 결혼을……" 하며 더듬거리자 그는 "앗, 결혼하셨구나. 실례했습니다" 하고는 사라져 버렸다. 아니, 한국말은 끝까지 들어 봐야지. 결혼할 생각이 아직은 없지만 오늘 저녁 우리가 술 한잔 기울이다 보면 역사를 이룰 수도 있지 않겠냐고 말하려는 참이었는데 그렇게 내빼면 어떡해!

결혼했다고 하면 당연하게 여겨지고, 결혼하지 않았다고 해도 그리 이상할 것 없는 나이. 내 나이는 올해로 마흔이다. 이따금, 호기심 충만한 사람이 결혼할 생각이 있긴 하냐고 물어올 때면 환갑 잔치 열 무렵에 불혹의 연하남을 돈으로 유혹해 결혼할 거라고 농반진반으로 대답하곤 한다. 지금 당장 결혼을 원하는 건 아니지만 딱히 비혼을 고집하는 것도 아니란 말이다. 결혼 정보업체 남자와 잘해 보려 했던 시도가 물거품이 된 것처럼 모름지기 인생이란 마음먹은 대로 흘러가지 않기 마련 아닌가.

사실, 몇 달 전 내 '애인의 애인'에게서 연락이 왔다. 내 애인의 애인은 말했다. 당신의 애인이 내 애인으로 의심된다. 혹시 당신의 애인이 몇 년 생 어디 사는 누구 맞느냐. 나는 맞다고 대답했다. 우리는 그와 함께해 온 순간을 상기하며 입을 맞춰 보았고, 우리의 애인이 양다리를 걸쳐 왔다는 사실을 확신하게 되었다. 가슴이 미친 듯이 쿵쾅댔으나 티를 낼 순 없었다. 내 애인의 애인이 나보다 한참이나 어렸기 때문이다. 나는 인생 선배인 척, 의연한 목소리로 그녀를 위로했다. "그래도 이 사실을 모르고 결혼했다가 이혼하는 것보다는 낫잖아요. 하늘이 우리를 구한 거예요."

이제는 어느 정도 마음이 정리되었지만 이따금 불안이 엄습해 온다. 사랑하는 사람을 다시는 만나지 못할 수도 있다는 낭만에 겨운 근심이 아니라, 이 험난한 사회를 혼자서 살아남을 수 있을까 하는 현실적인 걱정 말이다. 그럴 때면 주먹을 불끈 쥐며 다짐한다. **나는 구성원이 나 하나뿐인 가정의 가장이다.**

가정을 지키기 위해 땀 흘려 일하는 여느 가장과 마찬가지로 삶에 충실해지자. 나를 북돋아 줄 사람은 나 하나뿐이니 두 팔로 스스로를 감싸안으며 칭찬도 해 본다. 배신당했다는 분노로 무고한 사람을 찾아가 소란을 피우지도 않았고, 복수하겠다고 이를 갈며 맞바람을 피우지도 않았으니, 이 얼마나 어른스럽냐 이 말이야. 오늘 밤 술잔을 기울일 사람이 간절해 그에게 전화하고 싶기도 하지만…… **응, 안 돼. 세상 어느 미친 가장이 헤어진 애인에게 연락을 해, 하기는. 가정 파탄 낼 일 있어?**

* '애인의 애인'이라는 표현은 《참상인의 길》 47쪽에서 빌려 왔습니다.

나는 나의 ____________ 야.

☛ 세상을 살아가며 꼭 필요한 건 나를 믿어 주는 딱 한 사람입니다. 그러나 그 사람이 꼭 타인일 필요는 없겠지요. 여러분은 여러분의 무엇이 되어 줄 수 있을까요?

08 오늘의 한마디

로버트 드 니로는 사마귀를 빼지 않는다.

◆ 뜻풀이

외적 결점을 자신의 일부로 받아들일 때 막강한 힘과 고유한 개성을 내뿜게 된다.

◆ 변형

프레디 머큐리는 치아 교정을 하지 않는다.

우피 골드버그는 눈썹 문신을 하지 않는다.

누…
눈부셔!

지우지 않고 남겨 둔 점

가끔은 내 나이가 실감 나지 않는다. 발랄하다는 수식어를 달고 다니던 내가 어느새 사십 대라니. 그보다 더욱 기막힌 사실은 한결같이 별 볼 일 없는 인생을 살고 있다는 점이다. 어제와 같은 오늘을 보내면서 다른 내일을 기대해서는 안 된다고 그 누가 말했던가. 이전과는 달리 살아 보고 싶은 마음에 안 하던 짓을 하나씩 해 보는 요즘이다. 하기 싫어 죽겠지만 매일 아침 영어 공부를 하고, 이틀 걸러 한 번씩 먹던 맥주와 마라탕도 끊었다. 기분 탓인지는 몰라도 어제보다 오늘 조금은 더 똑똑해지고, 약간은 더 건강해진 것 같기도 하다. 프로필 사진을 찍으려 사진관을 예약한 것도 같은 이유에서다. 여태까지는 휴대 전화로 대충 찍은 '셀카'를 프로필 사진 삼아 왔지만, 전문가의 손길을 거친 사진은 달라도 뭔가 다르리라.

검색 끝에 찾아간 스튜디오는 증명사진을 십 분이면 완성해 준다는 사진관보다 몇 곱절은 비싼 곳이었다. 사진가는 응당 십 분의 몇 곱절이 되는 시간을 나에게 쏟으며 플래시를 터뜨렸다. 그렇게 한참을 촬영한 끝에 선택의 순간이 다가왔다. 커다란 모니터에 고화질 사진이 수십 장 떠올랐다. 전문가가 찍은 사진은 달라도 정말 달랐다. 휴대 전화로 사진을 찍을 때는 보이지 않던 주름이 또렷이 드러나 있었다. 내가 이십 대일 적, 아버지는 말씀하셨다. 여자가 서른이 넘으면 제아무리 의사, 변호사라도 쭈글쭈글 '쭈그렁방탱이'가 돼서 선을 봐도 재취 자리밖에 안 들어온다고 말이다. 여성을 비하하는 표현을 서슴없이 내뱉는 아버지에게 치가 떨렸다. 그러나 모니터 속 나의 얼굴을 마주한 후 비로소 깨달았다. 내 아버지는 그저 묘사의 달인이었음을.

충격에 휩싸인 나는 키보드 방향키를 이리저리 넘기며 그나마 덜 쭈그러져 보이는 사진을 찾아 헤맸다. 사진가는 그런 속도 모르는 채 개중 제일 쭈그러진 사진에 표를 던졌다. 얼굴을 종횡하는 주름에 풀 죽은 목소리로 우려를 표하는 내게 그가 답했다. "'로버트 드 니로'라는 배우 아시죠? 제가 놀란 게 뭐냐면요, 그 사람 볼에 엄청 큰 사마귀가 있는데 그걸 안 빼더라고요." 그러고는 노벨상 수상자의 사진은 보정하지 않는다는 이야기를 이어 하더니만, 잘난 척하는 주변인에게 이 사진을 보여 주면 찍소리도 못 할 거라는 말도 덧붙였다. 그는 자연스러움에서 뿜어져 나오는 막강한 힘이 있음을 알려 주려는 것 같았다. 흉측한 나의 주름 사이에도 그러한 힘이 숨어 있을까. 내 눈에는 당최 보이지 않았지만 전문가의 의견을 믿어 보기로 했다.

그는 원래의 인상을 해치지 않는 선에서 보정할 테니 걱정하지 말라며 나를 안심시켰다. 주름을 살짝 옅게 하고 점도 싹싹 빼내는 그의 솜씨가 여느 피부과 의사 못지않았다. 바쁘게 움직이던 마우스 커서가 오른쪽 볼에 있는 점에서 멈췄다. "이건 안 건드릴게요. 이런 거 하나 남겨 놔야 자연스럽잖아요." 완성된 사진을 받아 들고 집으로 가는 길, 봉투 속에 든 사진을 몇 번이고 꺼내어 가만히 들여다보았다. **지우지 않고 남겨 둔 점이 로버트 드 니로의 사마귀와 같은 곳에 자리 잡고 있음을 발견했다.** 그처럼 멋진 사람이 되라는 사진가의 응원은 아니었을까 지레짐작해 본다. 낯설기만 했던 주름진 얼굴이 점점 익숙해진다. 철부지의 시대는 막을 내리고 스스로의 얼굴에 책임져야 하는 나이가 다가오고 있음을 실감한다. 기분 탓인지는 몰라도 어제보다 오늘 조금은 더 어른스러워진 것 같기도 하다.

08 오늘의 미션

________은(는) ________을(를) ________않는다.

☛ 요즘은 귀에 필러를 넣어 바짝 세우는 '요정 귀' 시술이 유행이랍니다. 미의 기준은 시대에 따라 변한다는 사실이 실감 나더군요. 지금은 못나 보이는 내 결점이 언젠가는 유행이 될지도 모르니 나만의 캐릭터로 내세워 봅시다. 당당한 태도가 가장 매력적입니다.

09 오늘의 한마디

용기 있으면 다 언니.

◆ **뜻풀이**

나이나 배경, 경험과 상관없이 삶에서 용기를 내고 도전하는 사람은 누구나 존중받아 마땅하다.

◆ **변형**

한 줄이라도 꾸준히 쓰면 다 작가.

러닝화에 발만 넣어도 다 마라토너.

조심히
들어가세요,
언니!
coffee shop
자신감
용기
도전 정신

저기, 언니가 간다

"저는, 그런 거 할 줄 모르세요." 커피를 존대하는 걸로도 모자라 본인을 높이기에 이른 아르바이트생의 목소리가 카페 안에 울려 퍼졌다. 계산대 앞에는 아주머니라 부르기에는 다소 애매하고, 할머니라 부르자니 어쩐지 송구스러운 초로의 여성이 쭈뼛거리고 있었다. 그녀는 무언가를 부탁하고 애원하고 사정했으나, "모르세요" "아니세요" "안 되세요" 하는 매정한 대답만 돌아올 뿐이었다. 요즘 같은 시대에도 잡상인이 다 있나. 나는 그들에게서 거둔 시선을 창밖에다 두었다. 그러나 문전박대당한 그녀가 카페를 나서려다가 방향을 바꿔 나에게 다가오고 있음을, 그녀의 품에는 희고 납작한 물체가 안겨 있음을 곁눈질로 알아챘다. 저것이 무엇인지는 몰라도 절대로 강매당하지 않으리! 굳게 다짐하며 자세를 고쳐 앉는 나의 곁으로 그녀가 바투 붙어 섰다. 고개를 돌리지 않는 나와 걸음을 돌리지 않는 그녀 사이에 묘한 긴장감이 감돌던 그때, 그녀가 비장의 무기를 꺼내 들었다. "즈…… 즈어기요오오옹……." 탤런트 김애경 빰치는 간드러진 목소리에 나는 그만 백기를 들고야 말았다.

나와 눈이 마주친 그녀는 이제 살았다는 듯 안도의 한숨을 내쉬며 품 안에 든 것을 테이블 위에 가만히 내려놓았다. 희고 납작한 물건의 정체는 다름 아닌 노트북이었다. 그녀는 아르바이트생의 따가운 눈총을 온몸으로 견뎌 내며 나에게 한참을 하소연했다. 그 구구절절한 사연을 요약하자면 이러하다. 문화센터에서 '줌(Zoom)'으로 화상 회의하는 방법을 배워서 내일 아침 사람들과 온라인상에서 만나기로 했는데, 어찌 된 영문인지 바탕화면에 깔아 두었던 프로그램이 자취를 감춰 버렸다고 한다. 어떻게든 혼자서 해결해 보려 무던히도 애를 썼단다. 하지만 엎친 데 덮친 격으로 마우스까지 고장이 났고, 손에 익지 않은 트랙패드를 사용하다 보니 자꾸만 쥐가 나서 더는 손쓸 수 없는 지경에 이르렀다고 한다. 물어볼 데는 없지, 밤은 깊어져 가지, 이를 어찌하면 좋을까 쩔쩔매다가 옳거니! 카페에는 젊은 사람이 많으니 노트북을 들고 무작정 나와 봤다는 것이다. "제가 육십다섯이라 이런 거에 어리숙해요. 바쁘시겠지만 저 좀 도와주실 수 있을까요?" 그녀는 나이 든 것이 죄라도 되는 양 고개를 떨궜다.

"저도 해 본 적이 없어서 잘은 모르지만……." 나는 말끝을 흐리며 노트북을 끌어당겼다. 내가 딸깍 소리를 내며 이것저것 클

릭할 때마다 아아 감탄으로 화답하는 그녀가 귀여워 나도 모르게 그녀의 얼굴을 힐끔거렸다. 눈가에는 잔주름이 자글자글했지만 초롱초롱 빛나는 눈망울은 젊은이의 그것과 다름없었고, 마스크에 가려 보이지는 않았지만 깨달음의 기쁨으로 입가에 번져 있을 미소 또한 여느 청춘과 마찬가지로 싱그러울 것이 분명했다. 나는 문득 궁금해졌다. **오밤중에 노트북을 품에 꼭 껴안고서 거리로 뛰쳐나오는 용기, 낯모르는 아랫사람에게 모르는 것을 모른다고 솔직하게 고백하는 용기, 무시에 가까운 거절을 당했음에도 굴하지 않고 다시 한번 도움을 청하는 용기. 이 모든 용기는 도대체 어디서 샘솟은 것일까. 그건 아마 그녀의 마음 역시 젊은이만큼 뜨겁게 불타올랐기 때문이리라.**

그렇게 한참을 뚝딱거리고 나서야 바탕화면에 카메라 모양의 아이콘이 생겨났다. 낯익은 아이콘을 발견한 그녀는 두 손을 마주 잡으며 기뻐하면서도 한편으로는 같은 상황이 반복될까 염려스러웠는지 "그러니까 제가 컴퓨터를 껐다가 켜도 이건 그대로인 거죠? 내일 아침에도 여기 있는 거 맞죠?" 하고 거듭 물었다. 걱정하지 않으셔도 된다는 확답을 들은 그녀는 고맙다는 말을 몇 번이나 하는 것으로도 모자라 손사래를 치는 나에게 탄산수 한 병을 기어코 쥐여 주었다. 영업장에서 작은 소란을 피운 것이 미안했는지 아메리카노를 테이크아웃하며 사과를 갈음하는 그녀의 마음 씀씀이가 곱기도 참 고왔다.

창문 너머 저 멀리로 아주머니라 부르기에는 다소 애매하고, 할머니라 부르자니 어쩐지 송구스러운 그녀가 간다. 옆구리에 새하얀 노트북을 끼고 한 손에는 커피를 든 채 그 누구보다도 밝고 경쾌하게 걸어가는 뒷모습이 제법 대학생 같기도 하다. 내가 그녀를 이렇게도 저렇게도 부르기 어려워했던 이유를 이제야 알겠다. 저기, 언니가 간다.

09 오늘의 미션

__________면 다__________.

☛ 본인이 게으른 완벽주의자처럼 느껴진다면, 해야 할 일을 작게 쪼개고 그걸 결과에 바로 연결시켜 봅시다. 선 하나만 그어도 다 화가요, 마트만 둘러보아도 다 요리사입니다.

10 오늘의 한마디

가슴에 박힌 돌덩이는 데구루루 굴려 버리면 그만이지, 울기는 왜 울어.

◆ 뜻풀이

모든 문제는 결국 해결할 방법이 있다. 걱정에 매몰되기보다는 한 걸음 물러나 가볍게 바라보자.

◆ 변형

식어 버린 사랑은 쿨하게 떠나보내면 그만이지, 매달리기는 왜 매달려.

쌓여 버린 짜증은 훌훌 날려 보내면 그만이지, 속을 끓이기는 왜 끓여.

시워어어어
어어어어어어
어언허다!
드루와

어른의 맛

“그렇게 입으면 안 춥니?” “네가 살 뺄 데가 어디 있다고 그래!” “공부만 할 때가 좋은 줄 알아!” 어린 시절, 어른에게 자주 들었던 이야기를 꼽아 보라면 이 세 가지가 아닐까 싶다. 성인 이십 년 차로서 이 말들을 곱씹어 보니 앞선 두 가지에는 고개가 절로 끄덕여지지만 세 번째는 좀처럼 동의하기가 어렵다. 가고 싶은 데도 맘껏 가지 못하고, 사고 싶은 물건도 사지 못하며, 엄마가 잠든 틈에 어두운 부엌으로 잠입해 김치찌개 속에 든 돼지고기를 몰래 건져 먹으며 식탐을 달래야 하는 아이의 삶이 무어 그리 좋단 말인가. 나더러 아이와 어른의 삶 중 하나만 택해 평생을 살라고 한다면 아무런 망설임 없이 후자를 택하겠다.

물론 아이의 삶이 부러운 경우도 있다. 제 기분을 마음껏 드러내도 “사춘기라서 그래”라는 한마디로 용납이 된다는 점이다. 나 역시 아이처럼 기분 따라 행동하고 싶은 충동을 종종 느낀다. 하지만 그랬다가는 ‘사십춘기’라는 민망한 단어의 주인공이 되기 십상이므로 마음속에서 폭풍우가 일어나더라도 짐짓 아무렇지 않은 척하는 편이 신상에 이롭다. 복잡한 생각들로 머릿속이 가득 차다 못해 꼬여 버린 며칠 전에도 울 것 같은 기분을 애써 잠재우며 몸을 움직였다. 다음 날 해내야만 하는 일들을 하나하나 떠올리며 묵은 빨래를 돌리고 베개에 붙은 머리카락을 떼고 물때 낀 화장실을 청소하다가 아무도 몰래 변기 속에 한숨을 뱉고 물을 내렸다.

내 기분이 그러거나 말거나 날은 밝아 왔다. 가슴속에 각자의 고충을 숨긴 어른들이 만나 웃는 얼굴로 일한 후 점심을 먹었다. 일, 육아, 운동 등에 대한 이야기를 나누다 보니 화제는 자연히 시간 관리로 이어졌다. 나는 회사를 운영하며 육아에 집안일까지 모두 감당해 내는 상대방에게 그 비법을 물었는데 "아무리 바빠도 뜨개질을 한다"는 의외의 해답이 돌아왔다. **"뜨개질은 조금씩 하다 보면 어느새 완성이 되고, 하다가 잘못 뜨면 풀고 다시 하면 되거든요. 이게 일상에도 적용이 돼요. '해야 할 일이 아무리 많아도 조금씩 하다 보면 해낼 수 있고 그러다가 꼬이더라도 풀고 다시 하면 된다' 그런 생각을 하니까 일상이 나를 덮쳐도 무섭지가 않더라고요."**

집으로 돌아오는 길, 그녀의 목소리가 귓가에 자꾸만 맴돌았다. 그래, 복잡하게 꼬여 버린 생각은 풀어내면 그만이지 울기는 왜 울어? 아무래도 풀어지지 않으면 그까짓 거 잘라 내면 그만이다, 뭐! 조금은 가벼워진 발걸음으로 마트에 들러 맥주를 샀다. 간밤의 질풍노도에서 무사히 빠져나온 나를 위해 축배를 들기 위함이었다. 냉동실에서 잠자고 있던 삼겹살을 잔뜩 넣어 김치찌개를 가장한 고기 찌개도 바글바글 끓였다. 찌개 국물을 안주 삼아 시원한 맥주를 한 모금 삼키니 "캬아!" 하는 소리와 함께 가슴 한가운데를 꽉 막고 있던 돌덩이가 데구루루 굴러 내려갔다. 아이들은 꿈도 못 꿀, 어른의 맛이었다.

______________은(는)

______________면 그만이지.

☛ 코끼리를 냉장고에 넣으려면, 냉장고 문을 열고 코끼리를 넣은 후에 문을 닫으면 됩니다. 복잡하게 생각하면 생각할수록 일은 꼬이기 마련이지요. 여러분을 괴롭히는 문제가 있다면 오히려 단순하게 생각해 보세요.

11 오늘의 한마디

유튜브 보면서 논 게 아니라 자료 조사를 했던 거라 이 말이지.

◆ 뜻풀이

겉보기엔 무의미해 보이는 행동도 의미를 부여하면 성장과 배움의 과정이 될 수 있다.

◆ 변형

드라마를 몰아 본 게 아니라 인간관계를 연구했던 거라 이 말이지.

쇼핑몰을 구경한 게 아니라 트렌드를 분석했던 거라 이 말이지.

인생지도
목구멍이
포도청이다.

흩뿌린 점도 길이 된다

하고 싶은 일 한 가지를 하기 위해서는 하기 싫은 일 아홉 가지를 해야 한단다. 인생의 대부분을 하기 싫은 일로 보내다 보니 하고 싶은 일이 무엇이었는지도 가물가물할 지경이다. 얼마 전에도, 그다지 하고 싶지 않았던 일을 겨우 끝냈다. 맡은 바 책임을 다하기 위해 나름대로 열정을 불살랐더니만 온몸이 녹아내린 기분이었다. 바닥 위에 굳어 버린 촛농처럼 꼼짝하지 않고 드러누워 숏 폼만 본 지 어언 일주일째, 찬송가를 부르는 앵무새와 두 발로 걷는 강아지를 보며 피식피식 웃는 것이 내가 하는 일의 전부다. '뭔가…… 뭔가를 해야 하는데…….' 그러나 나의 엄지손가락은 불수의근으로 이루어지기라도 한 듯 휴대 전화 화면만 연신 쓸어올렸다.

그런 나를 일으켜 세운 건 일전에 잡아 둔 친구와의 약속이었다. 이러한 내 처지를 푸념하려 서둘러 약속 장소로 향했으나 친구가 먼저 하소연을 늘어놓기 시작했다. 크리에이터가 되겠다며 퇴사했지만 영상 조회 수가 저조하다는 것이었다. 서당 개 삼 년이면 풍월을 읊는다는데 그동안 내가 보아

온 숏 폼이 몇 개이더냐. 롱 폼이 아닌 숏 폼을 만들어라, 영상 상단에 주제를 써 놓되 핵심 단어는 빈칸으로 남겨 둬라, 빈칸에 들어가는 단어가 영상에 등장하는 순간 슬로우 모션을 걸어라. 나는 훈수를 두는 걸로 모자라 영상 제작까지 거들었다. 며칠 후 친구에게 연락이 왔다. 고작해야 몇십 언저리에 맴돌던 조회 수가 오천이 넘었다고 말이다.

"내가 말이야, 응? 숏 폼을 보면서 논 게 아니라 자료 조사를 했던 거라 이 말이지." 머쓱함을 감추려 부러 거드름을 피우는 내게 친구는 스티브 잡스의 이야기를 들려주었다. 그는 대학 시절 청강했던 타이포그래피 수업이 인생에 도움이 될 거라 생각하지 않았지만, 그때 배웠던 다양한 서체를 매킨토시 컴퓨터에 응용했다고 한다. 잡스는 이러한 경험을 '점'으로 비유했다. **과거에는 이 점들이 어떻게 연결될지 알 수 없었지만 지나고 보니 그것들은 분명하게 이어져 있었다고, 그러니 지금 하는 일들이 언젠가 연결될 것이라는 믿음을 가지라고 말이다.** "너나 나나 조바심 내지 말자고 하는 얘기야. 지금은 시간 낭비 같아도 언젠가는 다 도움이 되겠지, 뭐."

침대에 누워 친구의 메시지를 오래오래 들여다보았다. 좀처럼 진로를 결정하지 못해 전공과 직업을 몇 번이고 바꿔 왔던 나날과, 생계를 유지하기 위해 닥치는 대로 받아 온 잡다한 일들이 머릿속을 스쳤다. **엉망으로 흩뿌려진 점을 따라 이리저리 먼 길을 돌아온 것 같지만, 그리하여 남들보다 한참 뒤떨어진 곳에 덩그러니 서 있는 것 같지만, 그 점마저 없었다면 길을 잃어도 진작에 잃었을 터였다.** 느낌표처럼 길게 기지개를 켰다가 점처럼 둥글게 몸을 말았다. 잠을 청하기에는 이른 시간이건만 스르르 눈이 감겨 왔다. 하지만 이제 더는 죄책감을 느끼지 않으리. 지금 이 순간이 또 다른 출발점이 될지 그 누가 알 수 있으랴.

______________게 아니라

______________라 이 말이지.

☛ 종이 위에 동그라미를 여러 개 그린 후, 그 속에 과거의 사건들을 적어 보세요. '대학 입시 실패'처럼 커다란 사건도 좋고 '치마 안 입은 거 깜빡하고 코트 걸친 후 출근'처럼 사소한 에피소드도 좋습니다. 그중, 지금의 나를 여기까지 데려온 사건들을 선으로 연결해 보세요. 그중에는 분명 쓸데없어 보이는 경험도 있을 텐데요. 이 말인즉, 무의미하게 느껴지는 오늘 하루도 언젠가는 또 하나의 전환점이 될 수 있다는 뜻이겠지요?

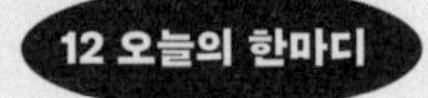

나는 게으른 사람 중에
가장 부지런한 사람.

◆ **뜻풀이**

부족한 모습 속에서 숨겨진 장점과 가능성을 발견해 보자.

◆ **변형**

나는 눈물이 많은 사람 중에 가장 잘 웃는 사람.

나는 고기를 좋아하는 사람 중에 채소를 가장 많이 먹는 사람.

덜 게으른 사람

게으름이라는 안식처

“점선아, 일주일 전에는 존재도 몰랐던 놈하고 결혼하란다. 죽고 싶다.” 화가 김점선이 이십 대일 적, 친구에게서 전화가 걸려 왔다. 친구의 사연을 들은 그녀는 안 그래도 사는 일이 지겨웠던 터라 한날한시에 세상을 떠나기로 약속한다. 그런데 돌연, 죽기 전에 그림 한번 실컷 그려 보고 싶다는 충동이 일어 미술 학원에 등록했고 그렇게 화가가 됐단다. 아침 햇살에 마지못해 눈을 뜨는 요즘, 내가 하는 일들이 아무런 쓸모없이 느껴지는 나날. 그렇다고 죽어 버릴 순 없으니 그녀처럼 죽도록 그림이라도 그려야겠다는 생각에 휩싸였다. 커다란 캔버스 위에 칼을 휘두르듯 붓질을 하면 가슴이 뻥 뚫릴 것만 같다, 라고 생각한 지 석 달 하고도 보름이 다 돼 간다.

머릿속에 떠다니는 생각을 실행에 옮기지 않는 데는 그만한 이유가 있다. 월셋집에서 화가 행세를 하다가 벽지에 물감이라도 튀면 큰일이니 작업실을 얻는 쪽이 속 편할 것이다. 하지만 “이 돈에 이런 매물 없을까요?” 하고 부동산에 물으면 “그 돈에 그런 매물이 어딨어요!” 하며 문전박대를 당할 테니 개 발에 땀 나도록 발품을 팔아야 할 것이 뻔할 뻔 자. 그렇게 작업실을 얻었다고 치자. 그런데 갑자기 그림이 그리기 싫어지면 그 공간을 또 어찌 정리한단 말인가. 나처럼 게으른 인간에게 실로 가혹한 과정이 아닐 수 없다. 게으름을 이겨 내는 것과 답답한 가슴을 안고 살아가는 것 중 어느 쪽이 품이 덜 들까. 이리저리 재다가 후자를 택하고야 만 것이다.

이다지도 게으른 내가 마다하지 않는 일은 강아지를 봐달라는 언니의 부탁이다. 까만 눈과 촉촉한 코를 보고 있노라면 세상 시름이 다 잊힌다. 한달음에 도착한 언니의 집은 엉망이다. 여기저기 허물처럼 벗어 놓은 옷가지, 개수대가 넘치도록 쌓인 설거짓거리, 화장대 위에 어지러이 놓인 뻘겋고 꺼먼 화장솜. 개점휴업 중이기는 하지만 한복 매장을 운영하며 박사과정도 병행 중인 언니가 집안일에 손댈 시간이 없다는 사실은 잘 안다. 그러나 화장솜을 쓰레기통에 넣지 못할 정도로 바쁘지 않다는 사실은 더 잘 안다. 그런 언니에게 잔소리를 한바가지 퍼부으면 언니는 늘 이렇게 변명한다. “체력이 약해서 그래…….”

언니는 체력이 약하다는 말을 입에 달고 산다. 난 체력이 약해서 집안일을 못 해. 치울 기운이 없거든. 난 체력이 약해서 운동을 못 해. 운동하고 나면 더 힘들거든. 난 체력이 약해서 만원 버스에 못 타. 사람들 틈에 끼어 있으면 어지럽거든. 날고기도 뜯어 먹을 것 같은 산적 같은 얼굴로 체력을 운운하는 모습을 보고 있노라면 어이가 없어 웃음이 새어 나온다. 세상 어느 약골이 뒤로는 전공책이 든 가방을 메고 앞으로는 강아지를 안은 채 출근하고, 과제를 하느라 밤을 꼴딱 새웠음에도 여행을 가기 위해 비행기에 올라탄단 말인가. 하지만 언니는 본인의 체력이 약하다고 철석같이 믿고 있다. 그리고 그 믿음을 방패 삼아 각종 면죄부를 부여한다.

죄가 있다면 산적같이 생긴 죄밖에 없는 언니를 대신해 집안일을 한다. 밥풀이 말라붙은 그릇을 물에 담가 불리는 동안 옷가지를 주워 세탁기를 돌리고 집 안 구석구석을 돌아다니면서 쓰레기를 줍는다. 그런 내 뒤를 졸졸 쫓는 강아지를 데리고 산책을 나서려는 참에 엄마에게 전화가 온다. 이때다 싶어 고자질하니 "막내가 부지런하니까 좀 치워 줘" 하는 타이름이 돌아온다. 강아지가 이끄는 대로 이리저리 길을 걷는데 엄마의 말이 자꾸만 귓가에 맴돈다. 고슴도치도 제 새끼가 제일 함함하다고 한다지만 나더러 부지런하다니. 못 말려, 진짜. 하지만 한편으로는 이런 의심도 든다. **어쩌면 나, 게으르게 사는 게 편하니까 스스로 게으르다고 믿고 있는 건 아닐까.**

엄정한 판사가 돼 자문자답해 본다. 게으름을 부리다가 마감을 어긴 적 있습니까. 아니요. 남의 살림을 거드는 게으름뱅이를 본 적 있습니까. 없습니다. 게으름을 이기지 못해 양치하지 않고 잠자리에 든 적은요. 이따금 있기는 하지만 자주는 아닙니다. 가수 케이윌이 못생긴 사람 중에 가장 잘생긴 사람이라면, 당신은 게으른 사람 중에 가장 부지런한 사람이군요. 이제 그만 게으름이라는 안식처를 벗어나 더 넓은 세상으로 나아가시기를 권합니다. 땅, 땅, 땅! 저 멀리 부동산이 보인다. 가 볼까, 말까, 가 볼까, 말까. 한참을 고민하는데 "멍멍!" 뭘 그리 망설이냐고, 개 발에 땀 나도록 뛰어 보자고, 강아지가 응원하듯 힘차게 짖는다.

12 오늘의 미션

나는 ____________ 중에 가장 ____________ 는(한) 사람.

☛ 안타깝게도 우리는 인간이기에 완벽할 수 없습니다. 기쁜 소식은 그렇기에 발전 가능성이 있다는 사실이죠. 여러분의 허점은 무엇인가요? 긍정적으로 발전시킬 수 있는 허점이 있다면 차차 다듬어 나아가 보세요.

3장

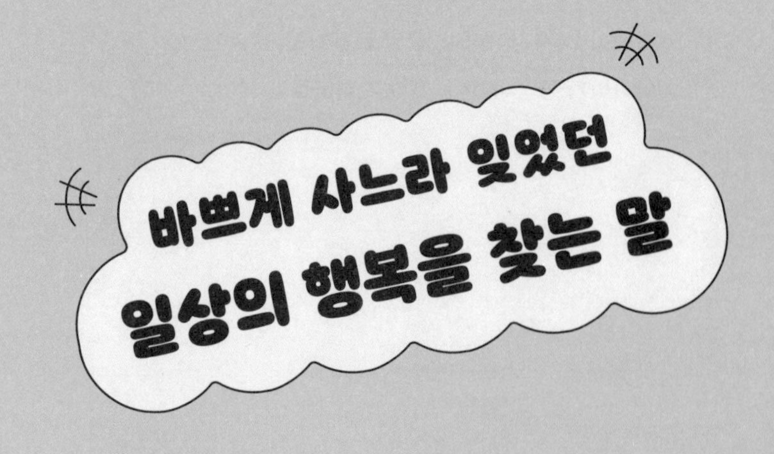
바쁘게 사느라 잊었던
일상의 행복을 찾는 말

13 오늘의 한마디

육수가 코인이라니, 정말 간편하잖아!

◆ 뜻풀이

당연하게 여겼던 것들을 살짝 비틀어 바라보면 예상치 못한 장점을 발견할 수 있다.

◆ 변형

편의점이 24시간이라니, 정말 든든하잖아!

와이파이가 공공이라니, 정말 자비롭잖아!

동네 사람들! 육수가 코인이래요!
대박!

당연함 속에서 발견한 놀라움

외간 남자가 우리 집에 들어와 주인 행세를 하고 있다. 이러이러한 사정으로 외국에서 오랫동안 지내던 남자 친구가 저러저러한 사연으로 한국으로 돌아와 내 방에 짐을 풀어놓은 것이다. 명실상부 애인이긴 하지만 결혼은 하지 않았으니 법적으로는 엄연한 남이 아닌가. 낯선 이와의 생활은 이따금 나를 놀라게 한다. 내 몸에서 떨어지지 않았음이 분명한 털과, 운동화를 빨기라도 한 것처럼 처참하게 벌어진 칫솔과, 신체 각 부위를 활용해 "뽕! 빵! 꺽!" 비트 박스를 하는 모습에는 그런대로 익숙해졌으나 씻지도 않은 얼굴을 거울에 들이밀며 자아도취에 빠지는 모습은 봐도 봐도 적응이 되지 않는다. 저 남자, 아무래도 왕자병 말기인 듯싶다.

단점밖에 없어 보이는 저이에게도 장점은 존재한다. 요리를 좋아하는 그는 한 끼도 허투루 먹으려 하지 않기에 시키지도 않은 진수성찬을 저녁마다 차려 낸다. 그 덕에 일을 마치고 집으로 향하는 길이면 복도에서부터 맛있는 냄새가 진동한다. 델리만쥬의 맛이 그 황홀한 냄새만은 못하듯 그가 만든 음식이 그 냄새만치 맛있다고는 할 수 없으나, 집에 들어가자마자 곧장 밥을 먹게 해 준다는 점에서 높은 점수를 주고 싶다. 이전에는 지지고 볶고 먹고 치우는 일까지 온전히 내 몫이었으니 큰일을 던 셈이다. 나는 내일도 모레도 밥을 차리고 싶지 않다. 그저 그가 지어 주는 밥을 얻어만 먹고 싶다. 그리하여 나는 그의 요리를 향한 찬사를 아끼지 않는다.

밥을 얻어먹기 위한 노력은 여기에서 그치지 않는다. 대형 마트를 자신의 식량 창고로 여기는 그의 장단을 맞추기 위해 피곤함을 무릅쓰고 하루에도 두 번씩 그곳을 찾는다. 사실 그와 함께 마트를 둘러보는 일이 싫지만은 않다. 한국 식재료가 귀한 외국에서 지낸 탓에, 대파 한 단을 꽃다발처럼 품에 안은 채 기뻐하기도 하고 코인 육수를 집어 들며 이렇게 진귀한 물건이 세상에 다 있냐며 눈이 동그래지기도 하는데 그런 그의 모습이 꽤나 우습기 때문이다. 한번은, 내일 아침에 먹을 깻잎을 사러 마트에 가야겠다는 그를 만류하며 로켓 배송을 시키면 눈도 뜨기 전에 현관문 앞에 도착한다고 일러 주었더니만 "대~한민국! 짝짝짝짝짝!" 하는 뜬금없는 반응이 돌아와 포복절도하기도 했다. "풍족하구먼, 아주 풍족해! 이렇게 물자가 넘쳐 나는 나라가 세상에 또 어딨어? 우리나라 사람들은 그걸 몰라!" 마늘에 미나리에 삼겹살에 소주까지. 장바구니에 저녁거리를 쓸어 담으며 우리나라를 찬양하는 그에게 물었다. 이다지도 한식을 좋아하는 사람이 도대체 무슨 부귀영화를 누리겠다고 이역만리까지 날아가 오트밀만 먹고 살았느냐고 말이다. 아픈 데를 찔리기라도 한 듯 나를 흘겨보는 그를 더는 추궁하지 않았다. 꿈속에서 본 보물을 찾기 위해 먼 여정을 떠났으나 결국 그 보물을 찾은 곳은 자신의 고향이었다는 소설 《연금술사》의 내용처럼, 우리나라보다 더 살기 좋은 곳은 없다는 사실을 깨닫기 위해 그 고생을 자처한 모양이다.

애국자가 된 그 사람 덕에 내 주변을 찬찬히 둘러보게 되었다. 그러자 당연하게 여겼던 것들이 달리 보이기 시작했다. 육수가 코인이라니. 정말 간편하잖아! 배송이 로켓이라니. 정말 빠르잖아! 어디 이뿐만이랴. 버스는 심야까지 다니고 화장실은 공중에게 열려 있으며 인터넷은 초고속이기까지 하다. 이곳이야말로 무릉도원 아닌가. **물론 이러한 편의가 제공되기 위해 많은 이의 노동력이 필요하지만, 그리고 그 많은 이에 나 역시 속해 있다는 사실을 부인할 수 없지만, 그러한 이유로 내 나라에서의 삶이 힘겹게 느껴지는 날이 있기도 하지만, 그럴 때마다 이런 식으로 달리 생각하며 현재의 삶에 만족해 보아야겠다.**

오늘도 그는 식량 창고 구경을 가자며 나를 재촉한다. 잠옷 윗도리를 훌렁 벗어젖히고 외출복으로 갈아입는 움직임에 따라 뱃살이 신나게 출렁인다. 외국에서 지낼 때는 분명 복근이 보일락 말락 했었는데 한국에 온 지 얼마나 됐다고 저게 다 뭐람. 그 꼴을 하고서도 거울 앞에서 왕자 행세를 하는 모습을 보고 있노라니 그만 정신이 아득해졌다. 나는 정녕 저 남자와 평생을 살아야 할까? 혹시 어딘가에 더 괜찮은 남자가 있지는 않을까? 아니야, 이놈 저놈 다 만나 봐도 결국 요놈이 제일 괜찮은 놈일 거야. 그래, 나에게 밥을 차려 주는 저 고마운 사람을 달리 생각해 보자. 남자 친구가 왕자라니. 정말 낭만적이잖아!

13 오늘의 미션

__________라니,

정말 __________잖아!

☛ **일상에서 감사하는 것이 많아질수록 행복해집니다. 당연하게 여겨지는 것 중에서 감사한 부분을 찾아봅시다.**

14 오늘의 한마디

구입하려던 음료수가 1+1이라니, 행운의 여신이 나를 따라다니고 있나 봐!

◆ 뜻풀이

행운은 도처에 널려 있다. 그것을 발견하고 기뻐하는 것은 온전히 자신의 몫이다.

◆ 변형

너구리 라면에 다시마가 두 개 들어 있다니, 행운의 여신이 나를 따라다니고 있나 봐!

출근길 지옥철에 자리가 나다니, 행운의 여신이 나를 따라다니고 있나 봐!

난 정말
행운아야.
윽,
냄새!

행운의 여신

까치발을 든 사람들이 은행을 피해 이리저리 종종걸음을 걷는다. 바야흐로 가을이 깊어진 것이다. 나는 그런 사람들 사이를 경주마처럼 질주하며 겁도 없이 은행을 밟아 뭉갠다. 집에서 공유 오피스까지는 도보로 945미터. 덧셈, 뺄셈, 곱하기, 나누기까지밖에 할 줄 몰라 수학적으로 설명할 순 없지만 갈지자로 걸음을 걸으면 987미터를 걷는 느낌이 든다. 할 일은 백 가지인데 몸은 하나뿐이니 걷는 시간이라도 아끼는 수밖에. 성큼성큼 걸음을 내디딜 때마다 들썩들썩 몸은 위아래로 움직이는데 딸각딸각 필통 속 볼펜 부딪히는 소음이 말발굽 소리처럼 들려온다.

걷는 시간도 아끼는 판에 밥 먹는 시간을 아끼는 건 두말하면 잔소리다. 하루 점심 한 끼, 한식 뷔페에 들러 배가 찢어지도록 밥을 먹는다. 저녁을 건너뛰려면 속을 든든히 채워 둬야 하기 때문이다. 비름나물, 오징어젓갈, 두부구이에 제육볶음까지. 접시 위에 산더미처럼 쌓인 음식이 블랙홀 같은 입안으로 순식간에 빨려 들어간다. TV에서 음식점 사장님들이 "아유, 이렇게 팔아서는 남는 것도 없어요"라고 말씀하실 때마다 귀여운 투정을 부린다고 생각했건만 모든 손님이 나처럼 먹는다면 이 식당은 내일이라도 당장 문을 닫아야 할 것이다. 사장님, 죄송하지만 저부터 살고 봐야겠습니다. 염치없이 배를 채우고 다시 자리로 돌아와 기력이 다할 때까지 일을 하면 하루가 마무리된다.

그럼에도 불구하고 밤이 되면 야식이 당기는 것은 당연지사. 배달 앱을 들여다보며 한참을 고민한 끝에 나 자신과 원만한 합의를 이뤄 편의점으로 향했다. 땅콩 한 봉지를 손에 쥐고 마실 거리를 고르려 냉장고에 다가섰다. 그런데 뽀얀 막걸리가 눈길을 사로잡는 것이 아닌가. 기름 잘잘 흐르는 뜨끈한 김치부침개에 달큼한 저 막걸리 한잔하면 얼마나 꿀맛일꼬. 때마침 냉장고에 쉬어 꼬부라진 김치도 있으니 후딱 부쳐 먹으면 딱인데. 군침을 흘리는 것도 잠시, 부치는 일이야 금방이지만 치우는 일이 한참일 터. 내일도 쉴 새 없이 달려야 하니 음주도 금물이다. 하는 수 없이 보리차를 집어 들고 계산대로 향했다. "이거 1+1 상품이에요." 아르바이트생의 목소리에 잊고 있던 친구의 얼굴이 떠올랐다. 구입하려던 음료수가 1+1 행사를 하는 모습을 발견하고는 "행운의 여신이 우릴 따라다니고 있나 봐!" 외치며 함박웃음을 짓던 그녀. 그 모습이 우스워서 나도 따라 웃었다. 행운의 여신. 그것이 정녕 존재하는지 알 길은 없으나 막걸리 한잔 마음 편히 먹지 못하는 상황으로 볼 때 적어도 나를 따라다니지는 않는 듯싶다. 땅콩으로 속을 달래고 자리에 눕자 현관에 놓인 신발에서 풍겨 오는 은행 구린내가 코끝을 스쳤다. 이곳은 살림집인가 마구간인가. 히히힝, 한숨을 내쉬며 눈을 감았다.

어김없이 아침은 밝아 오고 나는 또 출근을 했다. 바쁘게 일하다 보니 어느새 점심. 한식 뷔페로 출동해 접시에 음식을 담았다. 고사리나물, 미역줄기볶음, 생선가스, 김치부침개. 잠깐, 이건 김치부침개잖아! 사장님의 따가운 눈총을 애써 외면하며 접시 위에 김치부침개를 그득 올렸다. 막걸리의 빈자리는 보얀 북엇국이 채워 주었기에 일말의 아쉬움도 남지 않았다. 만족스러운 식사를 마친 후 치아 사이에 남아 있을 불청객을 쫓아내려 거울을 들여다보는데 그 속에서 행운의 여신처럼 인자한 미소를 짓고 있는 나를 발견했다. **사는 일에 치여 한동안 잊고 있었다. 도처에 널린 행운을 발견하고 기뻐하는 것은 온전히 나의 몫이라는 사실을 말이다.**

식당 밖으로 나서자 파란 가을 하늘이 눈에 들어왔다. 하늘은 높고 말은 살찐다더니 그것이 참말이로구나. 일터로 돌아가기를 잠시 미루고 두둑하게 부른 배를 문지르며 산책로로 발걸음을 옮겼다. 그동안 앞만 보고 달리느라 미처 발견하지 못했던 자그마한 행운들을 마주하기를 기대하면서. 하지만 나를 맞이한 건 발을 들이기가 망설여질 정도로 살벌한 은행 지뢰밭이었다. 그대로 걸음을 돌릴까 하다가 마음을 고쳐먹었다. 은행나무를 가로수로 택한 이유는 급할수록 돌아가라는 깨달음을 주기 위한 산림청의 깊은 뜻은 아니었을까? 이다지도 철학적인 나라에서 태어난 나는 정말 행운아구나! 이제 막 글자를 깨친 아이처럼, 땅 위에 갈지자를 그리고 또 그려 본다.

14 오늘의 미션

＿＿＿＿＿＿라니, 행운의 여신이 나를 따라다니고 있나 봐!

☛ **내 주변에는 어떤 행운이 있을까요? 예시가 필요하다면 제이레빗의 노래 'Happy Things'를 참고해 보세요.**

15 오늘의 한마디

듣기 싫은 잔소리는 나를 사랑한다는 방증.

◆ 뜻풀이

애정 없는 상대와는 말을 섞는 일조차 피하기 마련이다. 귀찮고 불편하게 느껴지는 상대방의 말들은 알고 보면 나를 향한 관심일 수 있다.

◆ 변형

선배의 혹독한 조언은 나를 응원한다는 방증.

아이의 끝없는 질문은 나를 신뢰한다는 방증.

커피 말고 차를
마셔야지! 이왕이면
카페인 없는
캐모마일이나
페퍼민트!
여보, 커피
마시면 알레르기
올라오잖아!
동의?

수다는 사랑을 싣고

박찬호 KBO 국제홍보위원의 팬이 쓴 글을 읽은 적 있다. 언젠가, 박찬호 관련 전시회가 열렸단다. 박찬호가 직접 도슨트로 나선다는 소식에 글쓴이는 설레는 마음으로 그곳을 찾았는데 사십 분으로 예정되어 있었던 해설이 두 시간이 넘도록 이어지더란다. 아이들은 바닥에서 뒹굴며 울부짖었고 글쓴이도 힘이 들어 실신할 뻔했다는 말에 눈물이 찔끔 나도록 웃었다. 사실, 아는 사람은 다 안다. 박찬호가 수다스럽다는 사실을 말이다. 그에게 사인을 받으려고 줄을 섰다가 앞 사람과의 대화가 끝날 기미가 보이지 않아 자리를 떴다는 이야기나, 식당에서 사인을 요청했다가 질문 세례를 받았다는 이야기는 이미 유명하다. 오죽하면 말 많은 사람을 표현할 때 '박찬호'라는 이름을 하나의 비유처럼 사용할까.

얼마 전, 우리 집에 찾아온 동생도 제 남편이 박찬호라며 학을 뗐다. 운전할 때, 밥 먹을 때, 자려고 누웠을 때는 기본이요, 화장실에서 볼일을 보다가도 문을 벌컥 열고 말을 해 귀가 아플 지경이란다. 한번은 카페 계산대 앞에서 일장 연설이 펼쳐

졌단다. “나 커피 마시면 가끔 발진 올라오는 거 언니도 알지? 근데 그날은 너무 피곤해서 도저히 못 버티겠는 거야. 그래서 아메리카노를 시키려고 하니까 잔소리를 따발총처럼 하는 거야, 글쎄!” 남편이 다정해서 좋겠다는 나의 대꾸에 동생이 어이없다는 듯한 목소리로 물었다. “아니, 어떻게 내 뒤에 서 있던 아저씨랑 똑같은 소리를 해?” 아무래도 동생만 모르는 것 같다. 제 남편이 자기를 사랑한다는 사실을 말이다.

박찬호는 말이 많아지게 된 사연에 대해 이렇게 얘기했었다. 팬에게는 선수를 만나는 일이 얼마나 행복한 경험이겠냐고, 팬 입장에서는 궁금한 점이 많을 테니 대화를 나누는 거라고, 이야기가 자꾸만 길어지는 이유는 팬을 사랑하기 때문이라고 말이다. **그의 말대로, 사랑하는 마음이 전제되지 않는다면 상대방에게 들려주고 싶은 이야기가 샘솟지 않을 것이다**. 말을 섞기도 싫은 사람에게 미주알고주알 이야기할 일이 무어 있단 말인가. 그러니까 내 앞에서 조잘조잘 이야기를 늘어놓는 이가 있다면, 그 말이 쓸데없는 푸념이나 듣기 싫은 잔소리일지라도, 나를 사랑한다는 방증으로 받아들여도 좋을 것이다.

동생은 자정이 다 될 때까지 실컷 떠들고 나서야 제집으로 돌아갔다. 여기저기서 오는 연락에 온종일 시달린 데다가 퇴근하자마자 동생의 하소연에 들들 볶인지라 늦은 밤의 적막이 전에 없이 반갑다. 시간을 들여 몸을 씻고 정성을 들여 머리를 말린 후 자리에 누워 숏 폼을 보며 혼자만의 시간을 즐기려는 찰나, 동생이 묻지도 않은 안부를 전해 왔다. “나 잘 도착했어.” 대충 대꾸하고 마무리를 지으려는데 호락호락하지 않은 동생은 나를 놓아주지 않았다. 띠링, 띠링, 띠링띠링띠링띠링! 박찬호가 강속구를 던지는 속도로 오는 메시지를 받아치느라 손가락이 다 얼얼했다. 아이고야, 동생이 나를 참 사랑하는가 보다.

15 오늘의 미션

________ 은(는)

나를 ________ 는 방증!

☛ 과한 관심이 타인을 괴롭힌다는 것을 아는 사람도 있지만, 그 사실을 미처 모르는 사람도 있습니다. 그들을 바꿀 순 없으니 내 생각을 바꿔 보면 어떨까요? 상대방이 나를 향해 늘어놓았던 불편한 말을 '사랑'이나 '응원'처럼 긍정적인 한 단어로 압축해 보세요.

16 오늘의 한마디

개 팔자가 상팔자가 아니라 상팔자가 내 팔자.

◆ 뜻풀이

열악한 상황 속에서 관점을 달리하면 인생을 긍정적으로 만들어 나갈 수 있다.

◆ 변형

남의 떡이 커 보이는 게 아니라 내 떡도 만만치 않게 큰 떡.

사촌이 땅을 사면 배가 아픈 게 아니라 다음에는 내가 살 차례.

강 선생님,
제 인생은 언제쯤
편안해집니까?
멍멍!

스스로 만든 상팔자

모름지기 사람이라면 희로애락을 느끼며 살아가기 마련이다. 그런데 다소 별난 우리 형부는 태어나 단 한 번도 우울하다는 감정을 느껴 본 적이 없단다. 가끔 살짝 처지는 기분이 들기는 하지만 자고 일어나면 씻은 듯이 말짱해진다나 뭐라나. 마음이 밝으니 표정 역시 밝은 건 당연지사다. 금니가 보이도록 활짝 웃는 형부의 곁에는 사람이 끊이질 않는다. 게다가 소싯적에는 동방신기를 능가하는 아이돌이 되겠다는 당찬 포부를 품었을 정도로 외모도 준수한 편이니 거참 부러운 인생이 아닐 수 없다. 딱 하나 안타까운 것이 있다면 가진 거라고는 불평불만밖에 없는 우리 언니와 결혼했다는 점이다.

언니와 가족이 되었다는 건 그녀와 비슷한 처제까지 덤으로 얻었다는 뜻이다. 이제 막 새신랑이 되었던 시절, 시도 때도 없이 툴툴거리는 언니의 비위를 맞추느라 안 그래도 힘이 들었을 텐데, 잘되는 일이 하나도 없다며 걸핏하면 울고불고 법석을 떠는 처제를 달래느라 형부는 진땀 꽤나 뺐을 것이다. 형부는 그런 나에게 만병통치약인 용돈을 쥐여 주며 응원의 말을 아끼지 않았다. 물심양면으로 지지해 준 형부 덕에 이제는 제법 사람 구실을 하게 되었지만 징징거리는 그 천성이 어디 가랴. 이따금 사는 일이 힘겹게 느껴져 누구라도 붙잡고 하소연을 늘어놓고 싶은 날이면 친구도 아니요, 엄마도 아닌, 형부의 얼굴이 제일 먼저 떠오른다.

며칠 전 저녁에도 마찬가지였다. 쏟아지는 일들을 해치우느라 온종일 쫄쫄 굶은 나는 형부네 집을 찾았다. 밥 한 끼 얻어먹겠다는 핑계로 언니와 형부 사이에 끼어 앉아 신세 한탄을 하며 축 처진 기분을 떨쳐 버릴 요량이었다. 형부는 "쉿!" 하는 소리로 인사를 대신하며 문을 열어 주었다. 형부가 턱 끝으로 가리키는 곳에는 형부네 집 강아지가 벌러덩 드러누워 잠을 자고 있었다. 특별히 하는 일도 없는 녀석을 상전처럼 떠받드는 모습을 보고 있노라니 개 팔자가 상팔자라는 소리가 절로 나왔다. 형부는 녀석이 차 버린 이불을 도로 덮어 주며 사뭇 진지한 목소리로 대꾸했다. "처제, 살구는 자기 인생을 스스로 만든 거야."

살구는 유기견이었다. 이름을 물어봐도 멍! 나이를 물어봐도 멍! 어떻게 하다가 주인을 잃어버린 거냐고 물어봐도 오로지 멍멍! 할 줄 아는 말이라고는 그것뿐이니 녀석이 어떠한 세월을 살아왔는지 도무지 알 길은 없다. 목덜미에 난 커다란 상처와 몽땅 빠진 앞니를 보며 쉽지 않은 나날을 견뎌 왔으리라 짐작할 뿐이다. 살구가 처음으로 집에 온 날, 녀석은 집안을 구석구석 살피며 뛸 듯이 기뻐했다고 한다. 그러고는 누가 가르쳐 주지도 않았는데 화장실 바닥에 볼일을 보더니만 작은 방으로 들어가 깊은 잠에 빠져들었단다. 아마도 비슷한 구조의 아파트에 살았던 적이 있는 모양이었다.

형부는 골백번도 더 한 그날의 이야기를 또 한 번 늘어놓더니만 덧붙여 말했다. **살구는 길거리를 떠돌던 그 힘든 상황 속에서도 집으로 돌아갈 수 있다고 굳게 믿었을 거라고, 그 결과로 주인을 찾지는 못했지만 여기까지 오지 않았느냐고, 만일 처지를 비관했더라면 어떻게 됐을지 아무도 모른다고 말이다.** "그러니까 개 팔자가 상팔자인 게 아니라, 상팔자가 내 팔자라고 생각해서 행복한 삶을 살게 된 거지." 형부의 모습은 자기 자식이 최고인 줄 아는 여느 극성 부모와 다름없어 보였다. 그러나 때마침 잠에서 깨 해맑은 얼굴로 꼬리를 치는 녀석을 보니 형부의 말을 부인할 수만은 없었다.

그때, 우리의 대화를 잠자코 듣고 있던 언니가 버럭 성을 냈다. "배고파 죽겠으니까 수다 그만 떨고 뭐 먹을지 빨리 정해! 지금 주문해도 최소 삼십 분은 기다려야 된단 말이야!" 성격, 하여튼 저놈의 불같은 성격! 아무리 우리 언니라지만 역성을 들어주고 싶지 않다. 내가 형부였더라면 진작에 갈라서고도 남았을 텐데. 하루에도 열 번씩 '참을 인' 자를 써 가며 가정의 평화를 유지하는 형부를 보아하니, 인생은 스스로 만들어 가는 것이 참말로 맞는가 보다.

16 오늘의 미션

__________가(게) 아니라

________________.

☛ 누군가 하는 일이 쉬워 보인다면 그건 그가 그 일을 잘하고 있는 것이라는 말이 있죠. 쉬워 보이는 누군가의 인생도 알고 보면 스스로 개척한 것일 테지요. 그러니 타인의 인생을 부러워하는 대신 상팔자가 내 것이라 믿어 봅시다.

17 오늘의 한마디

온갖 것을 씻어 내는 샤워는 기적이야, 기적!

◆ 뜻풀이

매일 반복되는 평범한 행동이 실은 우리의 삶을 지탱해 준다. 당연하게 생각했던 일을 기적처럼 여긴다면 일상의 소중함을 느낄 수 있다.

◆ 변형

고단한 삶을 쉬어 가게 하는 잠은 기적이야, 기적!

쉼 없이 이어지는 숨은 기적이야, 기적!

나는 왜 태어난 걸까?
나쁜 놈! 천벌이나 받아라!
짜증 나는 인간! 상종하기도 싫어!
할 일이 왜 이리 많은 거야. 고되다, 고돼.

샤워의 기적

밤이면 밤마다 씻기 싫어 몸부림친다. 일에 치이고 사람에 치여 손가락 하나 까딱할 힘도 없는 날에는 더욱 그렇다. 4차 산업 혁명 시대가 도래하였음에도 '씻겨 주는 기계' 하나 만들어 내지 못하는 개발자들이 원망스럽고, 후딱 씻고 나오면 그만인 것을 씻기 싫다 징징대며 잠 못 이루는 스스로가 한심스럽다. 그럴 때면 빅토리아 아주머니를 상기하며 마음을 다잡곤 한다. 그녀가 나에게 해 주었던 이야기를 곱씹다 보면 욕실로 향할 용기가 생겨나는 이유에서다.

그녀는 내가 다녔던 '빅토리아 미용실'의 원장으로 곱슬곱슬한 내 머릿결에 핀잔을 주거나 대답하기 곤란한 사적인 질문을 퍼붓는 법이 없었다. 그것은 손님에 대한 배려가 각별해서라기보다는 본인이 살아온 이야기를 늘어놓는 것만으로도 시간이 모자라기에 가능한 일이었다. 그녀는 듣는 이의 가슴을 울릴 줄 아는 묘한 언변의 소유자였다. 나는 그녀가 했던 대부분의 이야기를 잊었으나 내 머리를 감겨 주며 했던 이 말만은 선명하게 기억한다.

"손님 머리 감겨 주다 보면 물보다 더 신비한 게 있나 싶어. 온갖 걸 다 씻어 내고 닦아 내잖아. 어느 날 일 마치고 집에 들어가서 세수를 하는데 그때 얼굴에 닿던 물의 감촉, 그 부드러운 느낌. 위로받는 기분이 들어서 그런지 눈물이 콱 쏟아지는 거야. 근데 정말 신기하지. 물이 눈물까지 싹 가져가면서 언제 울었나 싶게 말끔해지잖아. 이건 기적이야. 기적이라고밖에는 할 수 없는 거야." 기적을 맛보기 위해 샤워기 아래에 섰다. 수정(水晶)처럼 반짝이는 물방울들이 쏟아져 내렸다. **온몸에 들러붙어 있던 끈적한 땀은 물론 하루의 고단함, 나를 힘들게 했던 사람에 대한 미움, 마음속에 켜켜이 쌓인 걱정까지 말끔히 씻겨 내려가는 기분이었다.** 티 없이 깨끗한 몸으로 침대에 눕자 그제야 잠이 쏟아졌다. 빅토리아, 이건 정말 기적이로군요, 기적!

17 오늘의 미션

____________은(는) 기적이야, 기적!

☛ **영조는 귀에 거슬리는 말을 들을 때마다 귀를 물로 씻었답니다. 하물며 샤워는 어떨까요. 기적을 맛보러 샤워기 앞으로, 출발!**

18 오늘의 한마디

어쭈, 나한테 감히 배고픔을 느끼게 해? 먹어서 이겨 주지.

◆ 뜻풀이

지겹게 반복되는 일에 일에 적극적으로 맞선다면 고통은 즐거움으로 바뀐다.

◆ 변형

어쭈, 나한테 감히 이별의 아픔을 느끼게 해? 소개팅으로 이겨 주지.

어쭈, 나한테 감히 스트레스를 느끼게 해? 맥주 한 캔으로 이겨 주지.

오예,
주먹밥 어서
오시고.

멈벼라, 운명아!

평소에 무얼 먹으며 지내느냐 누군가 물어 온다면 이슬만 마시며 산다고 요정처럼 대답하고 싶다. 그러나 나는 떡볶이도 먹고 싶고 된장찌개도 먹고 싶고 삼겹살에 초밥까지 당기는 인간인지라 사흘 걸러 한 번씩은 마트에 간다. 먹고 싶은 음식을 잔뜩 사다가 주린 배를 채우고 나면 포식의 기쁨도 잠시, 몇 시간도 채 지나지 않아 허기가 지고야 만다. 하루에 세 번이면 그나마 다행이지. 틈틈이 입이 궁금해 냉장고 문을 수시로 여닫으니 그야말로 환장할 노릇이다.

정말로 이슬만 마시며 살 수 있다면 얼마나 좋을까. 그렇다면 먹는 데에 돈 들일 필요가 없으니 지금보다 적게 벌어도 살 만할 터이다. 씁쓸한 마음에 이슬 대신 참이슬을 마시며 감상에 잠기다 보면 시시포스가 된 기분을 지울 수 없다. 이내 굴러떨어질 것을 알면서도 산꼭대기로 바위를 밀어 올려야만 하는 시시포스와, 이내 배고파질 것을 알면서도 입안으로 음식을 밀어 넣어야만 하는 나의 다름이 도대체 무엇이란 말인가. 안주 삼을 계란을 부치려고 가스레인지를 켰다. 활활 타오르는 가스불이 지옥 불처럼 보였다.

먹는 일에 진력이 나 마른 빵으로 끼니를 때운 어느 날, 친구에게 시시포스 이야기를 꺼내며 공감을 구걸했다. 눈감는 날까지 먹는 일을 반복해야만 하는 이 삶이 형벌처럼 느껴지지 않느냐고 말이다. 그런데 그는 대뜸, 지옥에서의 시시포스는 행복했을 수도 있다는 알 수 없는 소리를 하며 알베르 카뮈의 《시시포스의 신화》를 읽어 본 적 있느냐 물었다. 그러고는 부조리가 어쩌고저쩌고 어려운 얘기를 길게도 늘어놓기에 하품을 쩍 하며 그만하면 됐다는 신호를 보냈다.

그제야 나의 수준을 알아챈 친구가 쉬운 말로 풀어 다시 한 번 설명해 주었다. "그러니까 신이 시시포스한테 바위를 밀어 올리는 형벌을 내렸잖아. **나 같으면 콱 죽어 버렸을 텐데 시시포스는 좌절하는 대신에 운명을 받아들이고 거기에 격렬하게 맞선 거야. 그 순간, 벌은 벌이 아닌 게 되는 거지**. 생각해 봐. 누가 너한테 벌을 줬는데 네가 '어쭈, 나한테 감히 벌을 내려? 내가 어떻게 하는지 잘 봐라!' 하면서 그 일을 기꺼이 해 버려. 그럼 그게 벌이야?" "아니." "벌이 아니지." "응." "뭔 말인지 알겠어?" "음, 대충."

자신에게 주어진 벌을 벌이 아닌 것으로 만드는 사람을 떠올려 본다. 제일 먼저 어머니가 생각난다. 가부장적인 내 아버지에게 시집온 죄로 끝없이 삼시를 챙기고 있다. 끼니때가 다가오면 "아으, 또 뭘 차려 먹어!" 신경질을 내면서도 뚝딱 밥을 짓는다. 당신이 알아서 먹으라거나 지겨워서 못 해 먹겠다며 가출한 일 한 번 없이 밥상을 차려 내는 성실한 어머니다.

다음으로는 아버지가 생각난다. 요리 솜씨 없는 내 어머니에게 장가든 죄로 끝없이 김치찌개만 먹고 있다. 영화 〈올드보이〉의 주인공은 십오 년 동안 군만두를 먹으며 미치기 일보 직전까지 가는데, 허구한 날 김치찌개만 먹으면서도 군말 없이 그릇을 비워 내는 우직한 아버지다.

마지막으로 언니들이 생각난다. 잔소리가 취미인 내 부모에게서 태어난 죄로 끝없이 싫은 소리를 듣고 있다. 한때는 몹시도 힘겨워했으나 어느새 한 귀로 듣고 한 귀로 흘리는 고급 기술을 터득하여 "예예, 여부가 있겠습니까" 하고 요령 있게 잔소리를 받아 내는 앙큼한 언니들이다. 모두가 저마다의 방식으로 운명에 맞서고 있구나 싶다.

나라고 좌절할쏘냐. 그렇다면 어떠한 방식으로 이 지긋지긋한 허기에 맞서야 한다는 말인가. "어떡하긴 뭘 어떡해. 먹어야지." "먹었는데?" "그깟 빵 쪼가리로 되겠어? 더 맛있는 음식을 더 많이 먹으면서 너를 괴롭히는 배고픔에 격렬하게 저항해야지!" 배달 앱을 실행시키려다 말고 찬장 깊숙이 잠자고 있던 뚝배기를 깨워 쌀을 안친다. 냉동실에서 꺼낸 명란젓이 말랑말랑해지기를 기다리며 기름 두른 프라이팬에 양파와 버섯을 넣고 달달 볶는다. 깍둑깍둑 썬 오이를 그냥 먹을까 하다가 이왕이면 제대로 먹자 싶어 쌈장도 후딱 사 왔다.

부산을 떨며 차린 밥상치고는 지나치게 조촐했지만 갓 지은 쌀밥에 짭조름한 명란젓을 얹어 먹으니 살 것 같았다. 허기에 좌절하지 않고 포만을 이루어 낸 나의 완벽한 승리다. 그러나 호락호락하지 않은 운명이 이내 꼬르륵 소리를 내며 또다시 시비를 걸어온다. 나는 잠시 망설이다가 곧장 주방으로 가 칼을 뽑아 들었다. 덤벼라, 운명아!

18 오늘의 미션

어쭈, 나한테 감히 ________게 해?
________로(서) 이겨 주지.

☛ 쳇바퀴처럼 굴러가는 일상과, 그것을 지탱하기 위해 반복해야 하는 일들이 형벌처럼 느껴지시나요? 탈옥은 위험하니 제발 참아 주시고 차라리 격렬하게 맞서 봅시다. 가장 지겹게 느껴지는 일과 그것에 맞서는 방법을 생각해 보세요. 저는 배고픔에 맞서는 방법으로 '요리'를 택했지만 '배달'도 좋은 선택이 되겠지요?

4장

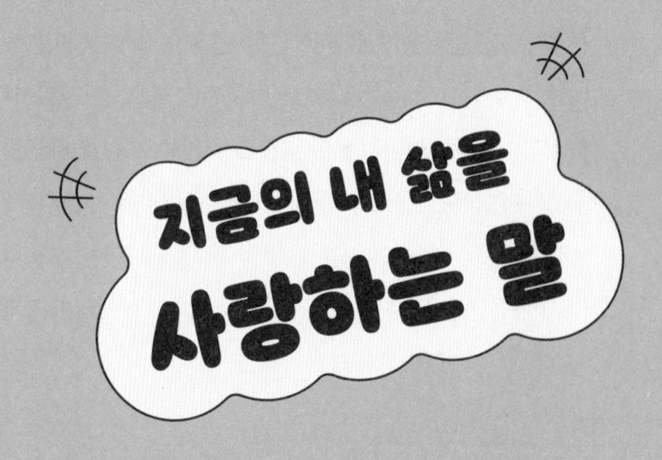
지금의 내 삶을
사랑하는 말

19 오늘의 한마디

너도 나도 호모 사피엔스.

◆ 뜻풀이

누군가와 비교하며 자신을 깎아내리지 말자. 우리는 모두 동등한 존재다.

◆ 변형

너도 나도 하루는 스물네 시간.

너도 나도 그 나물에 그 밥.

우리는
호모 사피엔스!

우리가 에스파는 아니더라도

나에게 다음 생이 주어진다면 걸 그룹 '에스파'로 태어나고 싶다. 카리나도 좋고 닝닝도 윈터도 지젤도 좋다. 그 누구라도 상관없으니 에스파 중 한 명이면 그걸로 족하다. 신이 정성을 다해 빚어 놓은 듯한 아름다운 얼굴로 무대 위를 종횡무진 누비는 그녀들을 보고 있노라면 구미호에 홀리기라도 한 것처럼 눈을 떼기가 어렵다. 한번은 온종일 에스파 영상을 시청하다가 화장실에 가서 거울을 보고 깜짝 놀란 적도 있다. 에스파와 내가 같은 인간이라는 사실이 좀처럼 믿기지 않았기 때문이었다. 혹시 에스파라는 새로운 종족이 탄생한 건 아닐까. 거울 속 호모 사피엔스의 눈동자가 유난히 씁쓸해 보였다.

전생에 나라를 구해야 에스파로 환생할 수 있는 거라면, 그러니 조금 소박한 다음 생을 꿈꿔 보라면 유복한 집안에서 태어나 별다른 걱정 없이 사는 사람이 되고 싶다. 고백하건대, 그러한 사람들의 삶을 SNS로 염탐하곤 한다. 건강한 재료로 맛을 낸 음식을 좋은 그릇에 담아 먹는, 고급스러우면서도 단정한 옷을 옷장 가득 걸어 둔, 자기와 비슷한 부류의 사람들과 어울리는 그들이 나는 부럽다. 그네들이 인생의 하이라이트만 보란 듯이 자랑한다는 사실을 모르지 않는다. 하지만 나는 아무리 자랑을 해 보려 해도 도무지 자랑할 건더기가 없다. 최근 한 달 동안의 하이라이트라고 해 봤자 추어탕을 먹으러 갔다가 추어튀김까지 시킨 일이 전부이니 말이다.

"넌 다른 사람이 뭐가 그렇게 부러워? 난 한 번도 그런 생각 해 본 적 없는데." 집도 있고 차도 있고 강아지도 있는 데다가 돈을 벌어 오면 잘했다고 칭찬해 주고 못 벌어 와도 괜찮다고 격려해 주는 심성 고운 남편까지 있는 언니가 팔자 좋은 소리를 했다. 그래, 솔직하게 말하자면 지금의 내 인생이 싫지만은 않다. 십 년 전에 간절하게 꿈꿨던 일들을 얼추 이뤘으니 말이다. 그렇다고 대단히 만족스럽지도 않다. 쓸데없이 순박했던 내가 지나치게 소박한 꿈만 꿨기 때문이다. 당시에 바랐던 일을 모두 이뤄 낼 줄 알았더라면 '로또 일등 당첨'이나 '역세권 자가 아파트 보유'와 같은 원대한 꿈도 꿔 볼 걸 그랬다.

언니는 좀처럼 맥을 추리지 못하는 나에게 걸그룹 '아이브'의 〈I AM〉이라는 노래를 들으면 기분이 좋아질 거라며 위로를 전했다. 누군가를 따라갈 필요 없이 각자 길로 가라는 조언으로 시작된 노래는, 알고 보면 당신도 누군가의 꿈이니 본인이 가는 길에 확신을 가지라고 격려했다. 노래를 듣던 나의 눈가가 이내 촉촉해졌다. 아이브도 에스파 뺨치게 아름다웠기 때문이다.

메울 수 없는 인생의 간극을 느끼며 하루하루를 살아가던 어느 날, 내 글을 즐겨 읽는다는 독자와 메시지를 주고받을 기회가 있었다. 그녀는 나에게 자격지심을 느낀 적이 있다는 뜻밖의 고백을 했다. 과거에 본인과 같은 직업에 종사했던 내가 새로운 길을 개척한 모습이 부러웠단다. 아니, 그게 아니라 나는…… 직장 생활이 치사하고 더러워서 아무 대책도 없이 그냥 그만둔 건데……. 모아 둔 돈도 없어서 여기저기 빈대 붙어 살다가 이제야 겨우 먹고살 만해진 건데……. 그래 봤자 또래보다 벌이도 시원찮단 말이야! 나는 목구멍 끝까지 차오른 지질한 말을 꿀꺽 삼키고서 "저 같은 사람한테 열등감 느낄 필요 전혀 없어요" 하며 있어 보이는 척했다.

하찮게만 여겨 왔던 나의 삶이 누군가가 살아가고 싶은 인생의 한 조각이라니 참으로 아이러니했다. 이 말인즉, 그녀가 초라하게 여기는 본인의 삶 역시 누군가 꿈꾸는 인생의 하이라이

트일지도 모른다는 이야기였다. 그녀와 다시 대화를 나눌 일은 없겠지만, 그리하여 이러한 마음을 전달할 길은 없겠지만, 혹시라도 어디선가 이 글을 읽고 있다면 내가 떨었던 허세 따위 모두 잊고 '당신도 누군가의 꿈'이라는 사실만 기억해 주었으면 한다. 그러니 당신도 나도 자신감을 가지고 살아가자고 말이다. 우리가 비록 에스파로 태어나지는 못했지만, 오스트랄로피테쿠스에서 진화하여 호모 사피엔스가 되었으니 나름대로 성공한 인생 아닌가.

19 오늘의 미션

너도 나도 ________.

☛ **차이점은 '단점'이 아니라 '다른 점'이라는 사실을 잊지 마세요.**

20 오늘의 한마디

○○ 씨, 아이를 양육할 자신이 있습니까?

◆ 뜻풀이

감정에 휩쓸려 일을 벌이면 돌이킬 수 없는 상황에 놓일 수 있다.
중요한 결정을 내리기 전, 스스로에게 냉혹한 질문을 던져 보자.

◆ 변형

○○ 씨, 코인 투자로 전 재산을 잃어도 괜찮겠습니까?
○○ 씨, 결혼했다가 이혼해도 홀로 설 자신이 있습니까?

신중하게
대답하세요,
신중하게!
코인에 거액을
투자했다는 이야기가
있는데요. 전 재산을
잃어도 괜찮겠습니까?
늦은 나이에
출산에 관심이 생겼다는
이야기도 있는데요.
아이를 양육할 자신이
있습니까?

가질 수 없는 너

나를 좋아하던 남자가 있었다. 당시, 나에게 관심을 주는 남자는 그 사람 하나뿐이었으므로 '아이고, 이렇게 감사할 수가!' 하며 그이와의 연락을 이어 나갔다. 우리는 서로가 좋아하는 음식을 묻고, 여가에는 무얼 하며 보내는지 묻다가, 좋아하는 영화를 묻기에 이르렀다. 그는 나에게 〈칠드런 오브 맨〉이라는 영화를 추천했다. 평소, 삼류 코미디를 즐겨 보는 나이기에 어쩐지 진지해 보이는 그 영화를 보고 싶은 마음이 들지 않았으나, 그를 향한 최소한의 예의를 지키기 위해 재생 버튼을 눌렀다. 아기가 태어나지 않는 재난을 맞이한 시대, 기적적으로 임신한 여자를 지키기 위해 여러 사람이 싸우고 다치고 죽는 난리 블루스를 춘 끝에 결국 출산에 이르는 내용이었다. 영화를 본 소감을 묻는 남자에게 나는 말했다. "역시 애 낳으면 고생이라니까요?" 그 후, 그에게서 연락이 오지 않았다.

이제 와 곰곰이 생각해 보니 임신과 출산에 대한 의향을 물으려는 일종의 신붓감 테스트가 아니었나 싶다. 자신의 궁금증을 우회적으로 해소할 줄 아는 세련된 남자를 놓친 점이 조금 아쉽기는 하지만, 그 테스트에 통과하지 못한 건 천만다행일지도 모른다. 어찌어찌 일이 잘 풀려 그 남자와 백년가약을 맺었다 하더라도 아이를 낳느니 마느니 하는 문제로 지지고 볶다가 진작에 갈라섰을 테니 말이다. 엄마가 나를 키우며 한숨짓는 모습을 자주 보았기 때문일까? 아님, 나의 동의도 없이 이 풍진세상에 나를 태어나게 한 아빠를 자주 원망했기 때문일까? 그것도 아니라면, 내 부모의 말마따나 내가 지독히도 유별난 여자이기 때문일까? 이유야 어쨌든지 간에 그때나 지금이나 아이를 낳지 않겠다는 마음에는 일말의 변화가 없다.

그런데 인터넷 게시판에 올라온 어느 중년 여성의 글을 읽고 난 후, 고목처럼 굳게 자리 잡고 있던 나의 마음이 뿌리째 흔들리기 시작했다. 그녀는 양육에 대한 의지가 없어 여태껏 혼자 살아왔으나 오십이 넘고 나니 이제야 아이가 눈에 들어온단다. 하지만 이미 아이를 가질 수 없는 몸이 돼 버렸다며 서글픈 고백을 해 왔다. 본인의 의지로 아이를 갖지 않는 것과 갖고 싶어도 도저히 가질 수 없게 되어 버린 것. 아이가 없다는 사실은 마찬가지지만 그 느낌은 사뭇 다를 터이다. 사십 줄에 들어선 나에게도 그러한 일이 조만간 일어날 수 있다는 생각이 머릿속에 끈적하게 들러붙었다. 자라 보고 놀란 가슴 솥

뚜껑 보고도 놀란다더니만, 오죽하면 '뱅크'의 〈가질 수 없는 너〉라는 노래를 듣다가 마음이 쿵 내려앉기까지 했을까.

엄마의 손을 잡고 길을 걷는 아이에게서 눈을 떼지 못하는 내 모습과 끝도 없이 반복되는 적적한 나날을 보내며 혼자서 눈물을 삼키는 내 모습. 꼬리에 꼬리를 물고 이어지는 부정적인 상상 사이로 줄리아 로버츠가 파스타를 먹고 있는 모습이 끼어들었다. 그건 영화 소개 프로그램에서 스치듯이 본 〈먹고 기도하고 사랑하라〉라는 영화의 한 장면이었다. 내용도 모르는 영화가 어째서 불현듯 떠올랐을까. 나는 그것을 그 영화의 원작 도서를 읽으라는 계시로 받아들였다. 밑줄 긋고 싶은 부분이 많았지만 독서의 흐름을 끊는 것 같아 여러 번 참았다. 하지만 주인공의 친구가 그녀에게 조언하는 대목에서는 자리에서 벌떡 일어나 서랍 속에 든 펜을 꺼내 올 수밖에 없었다. **"아이를 갖는다는 건 네 얼굴에 문신하는 것과 같아. 일을 벌이기 전에 네가 정말 원하고 있다는 확신이 필요해."**

따스한 봄 햇볕을 쬐며 일터로 향하다가 아이들의 웃음소리로 가득한 공원 앞에서 잠시 걸음을 멈췄다. 동그란 안경을 쓰고 축구하는 아이, 양 갈래로 머리를 묶고 철봉에 거꾸로 매달린 아이, 겁도 없이 폴짝폴짝 재주를 넘는 아이를 넋 놓고 바라보았다. 저마다의 매력이 넘쳐흐르는 아이들이 귀여워 미칠 것만 같았다. 아니야, 감정에 휩쓸려 아이를 가져서는 안 돼. 그건 새로 태어날 생명에 대한 예의가 아니야. 내가 정말 아이를 원하는지 스스로에게 냉혹한 질문을 던져 본다. 내가 못 먹고 못 입더라도 아이에게는 무엇이든 해 줄 마음이 있나? 없다. 가쁜 숨을 몰아쉬며 아이와 공을 차는 저 아빠처럼 주말을 기꺼이 반납할 수 있나? 없다. 그런데 가만, 나에게 아이를 함께 만들어 보자는 남자가 있기는 있나? 아, 참. 없구나.

20 오늘의 미션

○○ 씨, ________ 도 좋습니까?

☛ 여러분은 스스로의 이름을 불러 본 적 있나요? 내 이름을 소리 내어 말하는 것만으로도 정신이 번쩍 듭니다. 중요한 일을 결정하기에 앞서 그 일의 단점까지 감당할 수 있는지, 스스로를 호명하며 자문자답해 보세요.

21 오늘의 한마디

나는 차은우와 결혼했다.

◆ 뜻풀이

시간은 흘러가는 것이 아니라 공간처럼 존재한다. 원하는 삶을 이뤄 낸 것처럼 믿고 행동한다면 현실로 다가온다.

◆ 변형

나는 연금 복권 1, 2등에 동시 당첨됐다.

나는 타임지 표지 모델이 됐다.

나는
차은우와
결혼했다!
나는
귤을
먹었다!

우연이 반복되면 필연

내 나이 서른아홉의 마지막 날에는 프랑스 파리에 가려고 했다. 우리나라에서 하룻밤을 지내고 나면 꼼짝없이 마흔이 돼야 하지만, 만 나이를 사용하는 그곳에서라면 여전히 삼십 대일 것이기 때문이다. 비교적 가까운 다른 나라에서도 원하는 바를 이룰 수야 있겠지만 낭만의 도시 파리 정도는 가 줘야 울적한 기분을 상쇄할 수 있을 것만 같았다. 하지만 우리나라에도 만 나이가 도입되었기에 비싼 돈 들여 파리까지 날아갈 필요가 없게 됐다. 국민의 회춘에 힘쓰는 국가에 감사하기는 하나 인생의 목표를 잃어 다소 허탈하기도 했다.

오랫동안 기다려 온 나와의 약속이 파투 났으니 새로운 계획을 세우는 것이 당연지사. 그날 어디에서 무얼 하면 좋을지 상상의 나래를 다시금 펼쳐 보았다. 월세살이를 벗어난 나는 내 집을 마련하게 된다. 거실 창문 밖, 우뚝 솟은 여러 그루의 나무 사이로 햇살이 기분 좋게 부서져 들어온다. 열 명은 너끈히 앉을 수 있는 넓은 테이블에 홀로 앉아 따뜻한 커피를 마시며 창밖을 바라보는데 때마침 흰 눈이 풀풀 내린다. 어디선가 흰 당나귀가 응앙응앙 우는 소리가 들려오는 듯하긴 한데, 이건 상상이 아니라 망상이잖아!

파리로 여행을 다녀오는 건 기백만 원이면 해결될 일이다. 물론 통장이 가벼운 내게 적은 돈은 아니지만 12개월 무이자 할부의 도움을 살짝 받는다면 충분히 실현할 수 있다. 그러나 널따란 테이블이 들어갈 만한 집을 사려면 억 소리가 여러 번 나는 돈이 필요하지 않은가. 출생의 비밀이 밝혀져 유산을 상속받는다면 가능할지도 모르겠으나 막장 드라마 속에서나 벌어지는 사건이 내 인생에 일어날 리 없으므로 망상이라는 소리가 절로 나올 수밖에. 언젠가 방송인 전현무가 했던 말이 불현듯 머리를 스쳤다. 꿈이 없는 것도 비참하지만 안 되는 꿈을 잡고 있는 것도 비참하다.

지금까지 벌어 온 돈과, 현재 벌어들이는 돈과, 앞으로 벌 수 있는 돈을 머릿속으로 더해 보다가 더 비참해지기 전에 서둘러 꿈을 놓아 버렸다. 그러고는 솔잎을 먹고 사는 송충이처럼 이불을 둘둘 말고 몸을 잔뜩 웅크렸다. 불만족스러운 현실에서 도피하고자 휴대전화 속으로 숨어든 내가 할 수 있는 일이라고는 쓸데없는 영상을 보며 시간을 죽이는 것뿐이었다.

그렇게 얼마나 지났을까. 세상 그 누구보다도 내 마음을 더 잘 안다는 유튜브 알고리즘이 나를 격려하기라도 하듯 동기 부여 영상을 추천해 줬다. 영상의 내용을 요약해 보자면 이렇다. 이루고자 하는 바를 소리 내어 말하라. 단 '무엇을 원한다'고 말하지 말고 '이미 되었다'고 말해야 한다. 시간은 흘러가는 것이 아니라 공간처럼 존재하기 때문이다. 당신이 원하는 미래는 이미 존재하니 과거형으로 말하는 것이 당연하다는 뜻이다. 그렇게 반복하다 보면 목표가 이뤄질 수밖에 없는 방향으로 삶이 펼쳐질 것이다. 어린 시절, 〈은하철도 999〉를 보며 우주 어딘가에 또 다른 내가 살고 있을 거라 굳게 믿던 내 모습은 어디로 가 버린 걸까. 이다지도 정성스러운 헛소리는 처음이라 구시렁거리며 스르르 잠에 빠져들었다.

그런데 다음 날, 재미있는 일이 일어났다. 새벽 요가를 마치고 집에 돌아오는 길, 갑자기 귤이 먹고 싶었다. 하지만 너무 이른 시간이라 문을 연 마트가 없었다. 간밤에 봤던 영상이 생각나서 장난삼아 작게 외쳐 보았다. "나는 귤을 먹었다!" 그런 스스로가 퍽 우스워 킥킥대는 와중에 언니에게 연락이 왔다. '현관문 앞 음식 확인 요망.' 근처에 사는 언니가 아침 수영을 가는 길에 먹을거리를 두고 간 것이다. 집에 도착해 가방을 열어 보았더니 아니 글쎄 굴비며 고등어와 함께 귤 한 봉지가 들어 있지 뭐란 말인가! **이건 우연의 일치일까, 아니면 원하는 삶이 펼쳐질 수 있다는 작은 신호일까? 아무래도 전자에 가깝겠지만 우연이 반복되면 필연이라 했다. 그리고 그 반복을 만들어 내는 건 온전히 내 몫이었다.** "나는 설거지를 했다!" 일단은 외치고서는 미뤄 뒀던 설거지를 했다. "나는 샤워를 했다!" 또다시 외치고서는 곧바로 욕실로 들어가 구석구석 몸을 닦았다. 말하는 대로 이뤄지는 기적을 맛본 나는 신이 나서 한 번 더 외쳤다. "나는 차은우와 결혼했다!" 으응, 너무 멀리 갔나? 안 되면 될 때까지. 나는 차은우와 결혼했다!

21 오늘의 미션

나는 이미 ________ 다.

☛ **밑져야 본전이니 원하는 일을 현재형으로 말해 보세요. 지금 당장!**

누운 게 아니고 송장 자세입니다만.

◆ 뜻풀이

쉴 때조차 핑곗거리를 찾아야 하는 세상이지만, 때로는 아무것도 하지 않는 시간도 필요하다. 완전한 휴식을 위해 죄책감을 내려놓자.

◆ 변형

멍 때리는 게 아니고 사색 중입니다만.

늦잠 자는 게 아니고 숙면 중입니다만.

오늘
수련할 아사나는
송장 자세예요.
그중에서도
옆으로 누운 송장
자세인 파르스바
사바사나.
숙련된
조교를…
따라해 …
흠냐….

차세대 요기 다니엘

수감 중인 죄수는 취침 시간 외에 눕거나 잘 수 없다는 이야기를 들은 이후로 내 '방'이 '빵'처럼 느껴진다. 아침에 눈 비비고 일어나 저녁에 하품하며 잠들 때까지 책상 앞에 꼼짝없이 앉아 일만 하기 때문이다. 전생에 무슨 죄를 지었는지 도무지 알 길은 없으나 좌우지간 죗값을 톡톡히 치르는 중이다. 사실, 일을 적당히 마무리 짓는다면야 얼마든 띵까띵까 놀 수는 있다. 그러나 최선을 다하지 않으면 안 된다는 강박과 더 잘 해내고 싶은 욕심이 자꾸만 발목을 잡는다. 아무래도 나는 무기징역을 사는 모양이다.

그리하여 하루에 한 번씩 요가원으로의 탈옥을 감행한다. 일찌감치 수련실에 도착해 매트 위에 몸을 눕히고서 '내가 지금 누워 있는 것은 엄연한 합법이다' 하며 면죄부를 남발하는 것이다. 그러나 제 버릇 개한테 줄 수 있는 사람이 세상에 몇이나 있으랴. 수련이 시작되면 또다시 욕심을 부려 허리를 꺾고 다리를 찢는다. 그러면 그럴수록 동작이 그럴싸해졌기에 욕심을 내려놓을 수 없었다. 이러한 기세로 몇 년만 더 요가를 한다면 요기 다니엘의 오랜 공백을 대신하여 채울 수도 있을 것만 같았다.

그러나 차세대 요기 다니엘의 꿈은 처참히 무너져 내리고야 말았다. 내 몸의 가동 범위를 무시한 결과가 통증으로 나타난 것이다. 허리를 부여잡고 한의원을 찾은 나는 하소연하듯 말했다. "요가하다가 허리를 삐끗했나 봐요." 한의사는 나의 말을 백번 이해한다는 듯 고개를 끄덕였다. "에고, 육아하다 보면 몸이 상하죠." 누가 봐도 육아에 전념할 나이이기에 굳이 정정하지 않았다. 대신 한의원 침대에 엎드려 침을 맞으며 '현대인은 어째서 돈을 내야만 누울 수 있는가'에 대해 진지하게 고찰했다.

한의사는 몸을 아껴 쓰라는 처방을 내렸다. 그러나 나는 그녀의 말을 무시한 채 요가원으로 향했다. 요가라도 하지 않으면 딴짓할 시간이 없다는 잔꾀가 반, 미미하게나마 쌓아 온 실력이 물거품이 돼 버릴 것 같다는 조바심이 반이었다. 윽, 헛, 끄응! 오늘만큼은 너무 열심히 하지 않으리라 마음먹었건만 어느새 용을 쓰고 있는 나였다. 절로 터져 나오는 앓는 소리를 멈출 수 있었던 건 선생님의 나지막한 한마디 덕이었다. "무리

하지 말고 할 수 있는 만큼만." 순간, 온몸을 감싸고 있던 긴장이 풀어지며 스르르 눈이 감겼다.

시뻘건 눈으로 모니터를 응시하며 작업에 몰두하다가도 무리하지 말고 할 수 있는 만큼만 하라는 선생님의 말씀이 떠오르면 하던 일을 잠시 멈춘다. 탐욕에는 그만큼의 대가가 따른다는 사실을 이제는 알기 때문이다. 맨바닥에 대자로 드러누워 눈을 감는다. 벌건 대낮에 땡땡이를 친다는 오해는 금물. 이래 봬도 요가 학원에서 배운 송장 자세를 연습하는 중이다. 십 분이면 충분한 자세를 한 시간은 거뜬하게 유지한다는 게 문제라면 문제지만, 쉬는 방법을 모르는 이가 완전한 휴식에 이르기 위해서는 혹독한 수련이 필요한 법 아니겠는가.

22 오늘의 미션

__________가(게) 아니고,

__________입니다만.

☛ 폐허의 근현대사를 보낸 한국인에게 '성실함'은 중요한 가치입니다. 그래서 OECD 국가 중 가장 긴 노동 시간을 보내면서도 쉬는 일에 죄책감을 느끼곤 하지요. 하지만 우리는 알고 있습니다. 잘 쉬는 만큼 앞으로 나아갈 수 있다는 사실을 말이지요. 오늘만큼은 죄책감을 내려놓고 송장 자세를 취해 보면 어떨까요?

23 오늘의 한마디

마흔,
엄살이 필요한 나이.

◆ 뜻풀이

나이에 따라 생활 방식을 조율해 균형 잡힌 삶을 살아갈 필요가 있다. 그것이 비록 남들 보기에 어이없을지라도 말이다.

◆ 변형

서른, 조금 더 놀아도 괜찮을 나이.

쉰, 청년이라 우겨도 무리 없을 나이.

17
40
66
악!
내 눈!
아이고,
배야!

질병 예방의 기술

아빠는 엄살쟁이다. 나이를 먹으니 아프지 않은 곳이 없다며 하루가 멀다하고 엄살을 부린다. 매일 아침 자리에서 일어날 때마다 눈가에 눈곱도 뭣도 아닌 것이 진득하게 꼈다며 휴지를 찾고, 속이 부대껴서 밥이 넘어가질 않는다며 젓가락질 한 번에 배를 한 번 문지르고, 피폐한 정신을 달랠 길이 없다며 구슬픈 선율로 오카리나를 불기도 한다. 심지어는 아직 앓지도 않은 병을 미리 걱정하며 장거리 여행은 떠나지도 않는다. 당신 나이에 이역만리에서 아프기라도 하면 방법이 없다나 뭐라나. 아빠 친구들 사이에서는 남미 여행이 유행이라는데, 아빠는 친구들에게 농담 반 진담 반으로 이렇게 말하곤 한다.
"남미? 죽으러 가는겨."

엄마는 그런 아빠가 불만이다. 좀처럼 집을 비우지 않는 아빠의 삼시 세끼를 차려 줘야 한다는 이유에서다. 전업주부의 노고를 모르는 바 아니기에 그동안은 엄마의 역성을 들어 온 나지만, 얼마 전에는 예외적으로 아빠를 두둔했다. 막바지 여름을 즐기려 서해로 당일치기 여행을 떠났다가 호되게 당한

직후였기 때문이다. 나는 수영을 가르쳐 주겠다는 친구의 지휘에 따라 파도와 맞서가며 손발을 저었다. 그런데 그러면 그럴수록 흐느적흐느적 힘이 빠지더니만 돌연 눈이 부어오르기 시작했다. 곧바로 짐을 싸서 병원으로 달려갔다. 약 봉투를 손에 꼭 쥐고 집으로 향하는 지하철에 오르며 생각했다. '동해라도 갔으면 죽을 뻔했네.'

아무래도 내 몸 어딘가에 큰 병이 숨어 있는 것 같았다. 간밤에 잠을 설치긴 했지만 고작 그 이유만으로 눈이 부어오를 순 없으니까. 며칠 만에 또다시 병원을 찾은 나는 진료를 기다리며 화면 속 광고를 멍하니 보고 있었다. 그러던 중 '생애 전환기'라는 단어가 팅팅 부은 눈가를 비집고 들어왔다. 그 아래로는 '신체의 상태가 다른 방향으로 바뀌어 가기에 생애를 위한 관리가 필요한 시기로 만 40세와 만 66세를 기준으로 삼는다'라는 설명이 쓰여 있었다. 그제야 알았다. **나는 일생일대의 전환기에 놓인 상태구나. 그것도 모르고 전과 같이 살아가니 내 몸이 신호를 보내는 것이구나. 예전 같지 않은 몸을 원망하는 대신 달라진 신체에 적응하고 그것에 맞게 생활의 전반을 돌봐야겠구나. 그렇구나.**

어찌하면 이 전환기를 슬기롭게 헤쳐 나갈 수 있을지 궁리하던 나의 머릿속에 아빠의 얼굴이 스쳤다. 아빠의 엄살은 날로 쇠약해지는 당신의 몸에 꼭 맞춘 관리 방법일지도 모른다. 생애 전환기를 두 번이나 맞이한 내 아버지의 연륜에서 우러나온 지혜로운 대처에 경탄이 절로 나왔다. 때마침 내 이름을 부르는 소리가 들렸다. 진료실에 들어선 나는 그동안의 병력과 현재의 증상을 구구절절 늘어놓았다. 의사는 내 눈을 가만히 살피더니만 뭐 이런 걸 가지고 병원에 다 왔냐는 듯 입을 삐쭉 내밀었다. "흠, 그렇게까지 심하지는 않은데……." 그런 의사의 말에 나 역시 입을 삐쭉 내밀었다. 질병 예방에 엄살보다 더 탁월한 방법은 없다는 걸 선생님은 아직 모르시는 모양이다.

○○세, ________해도 되는 나이.

☛ 내 몸은 내가 제일 잘 압니다. 그런데도 우리는 '이 정도쯤이야' '남들 보기에 유난 떠는 것 같으면 안 돼' 하면서 스스로를 몰아붙이곤 하죠. 하지만 나이에 맞게, 내 몸 상태에 맞게 살아가는 것이야말로 진짜 어른의 지혜 아닐까요? 남들이 어이없어할 수도 있지만 내 몸이 원하는 대로 살아 봅시다. 무리하지 않고, 적당히 쉬고, 기꺼이 엄살도 부려 보기! 물론, 마음이 이팔청춘이라면 신나게 즐겨도 좋습니다.

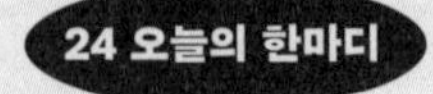

내가 좋아하는 나의 작은 집.

◆ 뜻풀이

삶은 남이 아닌 나를 위한 것이어야 한다. 다른 사람의 기준이 아닌, 나에게 맞는 기준을 따르자.

◆ 변형

내 눈에 완벽한 나의 배 나온 애인.

내 몸에 딱 맞는 나의 귀여운 경차.

우리 집은
술세권!
즐거운
곳에서는 날
오라 하여도
내 쉴
곳은 작은 집
내 집뿐이리.

떠돌이 김정호의 내 집 마련 도전기

나의 전생은 대동여지도를 만든 김정호임이 분명하다. 첫 번째 근거는 공부는 못했지만 지리 점수만은 높았다는 점이고, 두 번째 근거는 로드뷰를 클릭하며 삼천리 방방곡곡을 누비는 일이 지루하지 않다는 점이며, 세 번째 근거는 김정호가 만리동에서 생을 마감했다는 점이다. "대학 시절 만리동에서 자취했던 게 과연 우연의 일치일까!" 나의 이야기를 가만히 듣던 친구가 콧방귀를 뀌었으나 이에 굴하지 않고 이어 주장했다. 나의 전생이 김정호가 아니고서야, 경기도 끝자락에서 태어나 서울 만리동으로 상경해 합정동과 양재동을 거쳐 화곡동에 머물다가 가양동을 지나 이내 등촌동으로 거처를 옮기는 떠돌이 생활을 할 리 없다고 말이다.

하지만 전생에 얽매여 현생을 소홀히 할 수는 없는 법. 떠돌이 생활을 청산할 때가 다가왔음을 직감한 나는 내 집 마련에 일찍이 성공한 주변인들에게 자문하기 시작했다. 그들은 준비된 대본을 읽기라도 하듯 아파트를 사야 한다는 대답을 내놓았다. 개중에서도 내가 살고 싶은 아파트가 아니라 남이 살고 싶은 아파트를 매수해야 환금성이 높다는 조언도 잊지 않았다. 머리로는 무슨 말인지 알겠는데 아무래도 마음이 동하지 않았다. 네모난 아파트에 반듯하게 앉아 있는 내 모습을 상상하는 것만으로도 가슴이 꽉 막혔다. 윤수일도, 로제도, 심지어는 미국 사람인 브루노 마스까지도 아파트를 외쳐 대는 판국이니 대세에 합류하는 것이 맞으려나?

온종일 집에 대해 상상하고, 좌절하고, 검색하고 또 검색하기를 반복하던 중 나다운 집을 찾는 법을 알려 준다는 워크숍을 발견했다. 홍보 문구 속에 '남'이 아닌 '나'라는 단어가 가득하다는 점이 마음에 들었다. 한 치의 망설임 없이 그곳을 찾았다. 워크숍 진행자인 별집 부동산 대표 전명희는 특색 있는 매물이라면 지역에 관계없이 소개하는 독특한 공인 중개사였다. **다양한 공간을 경험하면 삶이 그만큼 확장된다고 믿는 그녀는 세상이 좋다고 하는 집이 아닌 저만의 매력을 지닌 집을 중개한단다**. 그녀가 제시한 살기 좋은 동네를 만드는 요소 역시 특이하기는 마찬가지였다. '역세권·대단지·초품아(초등학교를 품은 아파트)'가 아닌 '떡집·텃밭·동물병원' 등이 나열되어 있었으니 말이다.

“이 중에서 내가 원하는 요소를 세 가지만 골라 보세요. 원하는 것이 없다면 나만의 요소를 추가해도 좋아요.” 소음에 취약해 인적이 드문 곳에 살고 싶어 하는 사람도, 따릉이를 애용해 대여소가 가까웠으면 좋겠다는 사람도, 술을 좋아해 술집이 많은 곳을 원한다는 사람도 있었다. 서로의 얼굴이 다른 것처럼 각자의 대답 또한 모두 달랐다. 나는 창문 너머로 나무가 보이는 작은 집에 살고 싶다고 말했다. 그 누구도 그래서는 안 된다며 반박하지 않았다. 남이 좋아하는 집에 나를 욱여넣지 않아도 괜찮다는 동의를 얻은 나는 창밖으로 나무가 보이는 집의 목록을 구했다. 이제 남은 건 딱 하나, 돈만 구하면 된다. 그것도 아주 많이!

내가 좋아하는 나의 ________.

☛ 사람마다 여행하는 방법이 다릅니다. 느긋하게 휴양을 즐기거나, 온종일 관광지를 찾아다니거나, 도심을 걸으며 관찰자가 되기도 하지요. 여행도 이럴진대 삶의 방식은 어떨까요. 그런데도 우리가 살아가야 할 집은 '아파트'로 귀결되곤 합니다. 집을 고르는 기준도, 살아가는 방식도, 결국 남이 아니라 나에게 맞아야 합니다. 오늘은 '내가 가장 나답게 살 수 있는 공간은 어떤 모습일까?'를 한번 떠올려 보세요. 그러한 공간에 살고 계신다면 축하합니다! 만일, 그렇지 않다면 현재의 공간을 취향에 맞게 바꿔 보세요. 그것이 나답게 사는 첫걸음이 되어줄 테니까요. 자그마한 조명이나 러그를 구입하는 것도 좋은 방법이겠죠?

5장
멸종부터
희귀종까지
인간의 모든 종
수록!
인간 도감

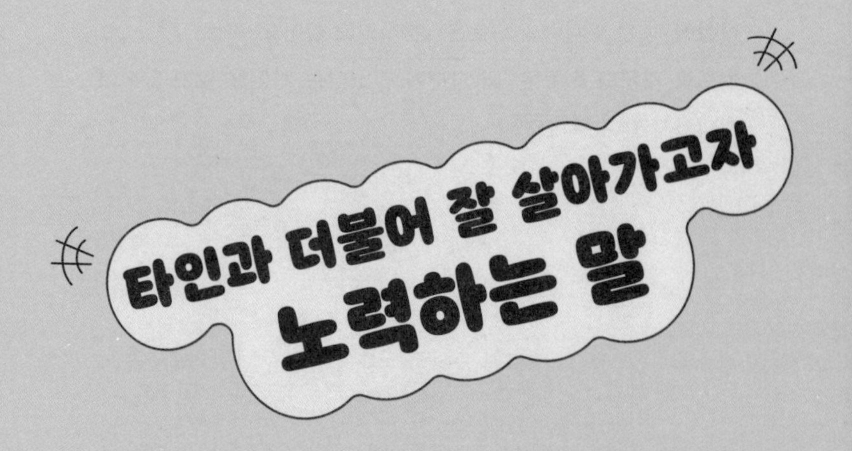
타인과 더불어 잘 살아가고자
노력하는 말

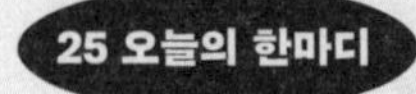

보청기의 속뜻은 '인내심을 갖고 말해 주세요'.

◆ 뜻풀이

타인에게는 말하지 않는 약점이나 사정이 있다. 그들의 행동이나 물건이 전하는 무언의 메시지에 귀 기울인다면 상대방을 조금 더 배려할 수 있다.

◆ 변형

직장에 싸 온 도시락의 속뜻은 '혼자 있고 싶어요'.

여드름 패치의 속뜻은 '내 피부가 덧났다는 사실을 알고 있으니 지적하지 말아 주세요'.

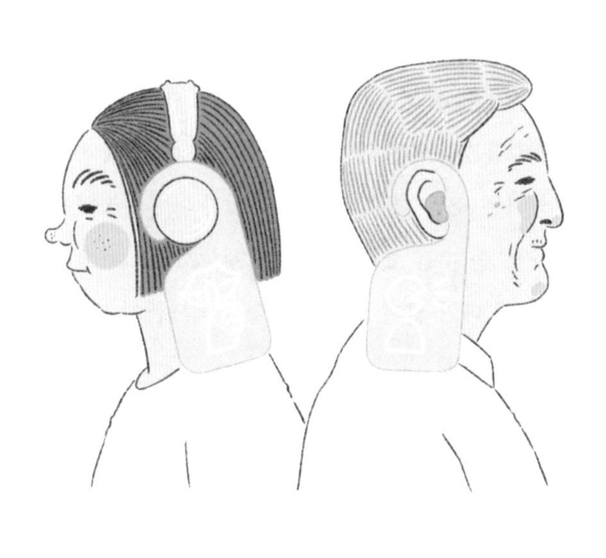

보청기와 헤드폰

슈퍼카를 타는 사람은 제 차가 퍽 자랑스럽겠지만 나에겐 머플러를 개조한 오토바이와 진배없다. 뿌바방뿡빵 방귀 소리로 행인들의 고막에 공격을 가하는 점은 오십보백보이기 때문이다. 도시인의 귀를 괴롭히는 소리가 어디 이뿐이랴. 휴대 전화 매장에서 흘러나오는 철 지난 유행가, 지하철 바퀴와 레일이 만들어 내는 소름 끼치는 마찰음, 윗집과 아랫집에서 서라운드로 들려오는 층간 소음까지. 돈을 주고서라도 고요를 사고 싶다고 간절히 바란 끝에 노이즈 캔슬링 헤드폰이 대중화됐고 나는 기쁜 마음으로 그것을 구입했다. 소음을 완벽히 차단해 주지는 않지만 뿌바방뿡빵 하는 굉음을 부바방붕방 정도로 줄여 주기 때문에 신체의 일부처럼 끼고 산 지 오래다.

노이즈 캔슬링 헤드폰에는 숨은 기능이 하나 더 있다. 그것은 바로 '쓸데없이 말 걸지 마시오'라는 메시지 전달 기능이다. 호텔에 숙박할 때 '방해하지 마시오' 팻말을 문고리에 걸어 두는 것과 비슷한 이치라 할 수 있겠다. 하지만 이 무언의 메시지가 모두에게 통하는 것은 아니다. 여느 날과 다름없이 헤드폰을 쓰고 바쁘게 출근하던 중 한 노인이 나를 붙잡고 무어라 말을 걸었다. 여든보다 아흔에 가까워 보이는 그는 세상에 노이즈 캔슬링 헤드폰이라는 물건이 존재한다는 사실조차 알지 못하는 듯했다. 나는 하는 수 없이 헤드폰을 벗어 목에 걸며 “예?” 하고 되물었다.

노인은 삼성전자로 가는 길을 물었다. 나는 길을 일러 줬으나 노인은 내 말을 알아듣지 못했다. 귀가 어두워 보청기를 끼고 있었지만 당신에게 맞지 않아 무용지물이었던 것이다. 별안간 〈가족 오락관〉의 인기 코너였던 ‘고요 속의 외침’이 길 한복판에서 펼쳐졌다. “이쪽으로 쭉 가시다가! 큰 사거리에서 우회전하면! 백화점이 있는데! 그 안에! 삼성전자가! 있어요!” 어렵사리 내 이야기를 이해한 노인이 고개를 절레절레 저었다. 그 큰 사거리에서 이쪽으로 직진하면 된다는 말을 듣고 여기까지 온 것이라 했다. 노인은 나의 말은 좀처럼 믿지 못하면서도 믿을 사람은 나뿐이라는 듯 나를 놓아주지 않았다.

나는 지도까지 보여 주며 같은 말을 거듭했다. 핵심만 명확하게 전달하려다 보니 말은 점점 짧아졌고 언성은 차차 높아졌다. 노인도 답답했는지 손에 꼭 쥐고 있던 삼성전자 팸플릿을 내밀며 말했다. “여기에 전화를 좀 해 주면 안 되나?” 고객

센터에 전화를 거는 일이야 어렵지 않았지만 원하는 바를 알아야 대신 전달할 것 아닌가? 나는 노인에게 물었다. "전화해서! 뭐요!" 그런데 그가 돌연 씁쓸한 미소를 지으며 "고마워요…… 고마워……." 동문서답을 했다. 그는 내가 화를 낸다고 생각했는지 질문을 멈추고 걸음을 옮겼다. 노인이 한 발짝씩 내디딜 때마다 삼성전자와 꼭 그만큼씩 멀어져 갔다.

아니, 내 말뜻은 '어르신, 전화를 걸어서 무엇을 물어봐 드릴까요'였는데 그렇게 가 버리면 내가 뭐가 돼? 나의 선의를 곡해한 노인에 대한 원망과 오해를 풀려는 시도조차 하지 않는 스스로에 대한 혐오가 뒤섞여 짜증이 일었다. 나는 애먼 헤드폰에 화풀이하듯 신경질적으로 그것을 푹 눌러썼다. 순간, 요란스레 고막을 때리던 자동차 소음과 깔깔거리며 내 곁을 스치는 사람들의 웃음소리가 물에 잠긴 듯 아득하게 들려왔다. 고래고래 악을 쓰던 나의 목소리도 노인의 귀에는 이렇게 뭉그러져 가 닿았을까. 아니, 어쩌면 소리는 온데간데없이 사라지고 험악한 표정만 보였으려나. 원치 않는 고요를 떠안은 노인의 적막한 심정을 조금은 알 것 같기도 했다.

그럼에도 노인과 나는 보청기와 노이즈 캔슬링 헤드폰만큼

다른 세상을 살고 있기에 서로를 온전히 이해할 수 없을 것이다. 이다지도 어린 내가 할 수 있는 일은 그들이 전하고자 하는 무언의 메시지에 관심을 기울이는 것이 전부일 테다. 보청기를 끼고 있으면 '큰 목소리로 인내심을 갖고 말해 주시오'라는 뜻이고, 지팡이를 짚고 있으면 '다리가 뜻대로 움직이지 않으니 너무 재촉하지 마시오'라는 말이며, 이마에 주름살이 있으면 '살아온 세월만큼 존중 부탁드리오'라는 의미다. **나도 그들에게 하나 부탁하건대, 젊은이가 뚱한 표정을 짓고 있대도 '먹고 사느라 지쳐서 그렇지 나쁜 사람은 아니니 오해하지 마시오'라고 이해해 줬으면 한다.** 할아버지, 저 정말 그런 사람 아니라니까요? 나 정말 억울해!

25 오늘의 미션

________의 속뜻은 ________.

☛ **우리가 사용하는 물건에는 숨겨진 속뜻이 있는 것 같아요. 여러분이 갖고 있는 물건의 뜻도 새롭게 정의해 볼까요?**

26 오늘의 한마디

눈인사 한 번에 친절 도장 하나.

◆ 뜻풀이

누구나 괜찮은 어른이 되기를 꿈꾼다. 방법은 간단하다. 작은 친절을 하나씩 모으다 보면 목표에 시나브로 도달할 수 있다.

◆ 변형

뒤따라오는 사람을 위해 문 잡아 주고 친절 도장 하나.

요가 매트 뒤집어 깐 초심자에게 그 사실 알려 주고 친절 도장 하나.

안녕히
계세용.

별 볼 일 있는 어른

긴 머리를 빨래하듯 벅벅 감고 있노라면 한숨이 절로 나온다. 칼바람 부는 겨울에야 목도리 대신 두를 수 있으니 그런대로 유용했으나 반팔을 입느니 마느니 하는 날씨에는 이깟 머리털이 무슨 소용인가 싶다. 초여름을 앞두고 온몸의 털을 시원하게 밀어 버린 언니네 강아지처럼 쇼트커트를 하고 싶은 마음이 굴뚝같지만 차마 미용실로 향하지 못하는 이유는, 머리카락을 자름과 동시에 내 청춘도 날아가 버릴 것만 같은 두려움 때문이다. 긴 생머리에 반해 졸졸 쫓아갔던 여인의 정체가 알고 보니 록 밴드 부활의 리더 김태원이었다는 이야기만 보아도 머리카락이 지닌 힘을 알 수 있지 않은가.

하지만 긴 머리카락으로 아무리 위장을 해도 마음가짐이 낡아 가는 것까지 막을 순 없다. 책장에 꽂혀 있던 《어린 왕자》를 꺼내 촉촉한 눈으로 읽다가, 비행기가 사막에 추락한 상황에서 양 한 마리만 그려 달라고 떼를 쓰는 어린 왕자의 언행에 열불이 터진다든지, 청년들은 쓰지 않는다는 MZ 세대라는 단어를 남발하면서도 아슬아슬하지만 스스로가 그 세대에 속한다는 사실을 내심 기뻐하는 걸 보면 나도 아줌마가 다 됐구나 싶다. 그럼에도 시간을 되돌리고 싶지는 않다. 그 많은 방황과, 바람둥이와, 오해와 시기와 질투를 무슨 수로 또다시 겪어 낸단 말인가. 단 하루도 과거로 돌아가고 싶지 않은 걸 보면 지금의 삶이 나쁘지는 않은 모양이다.

이왕 이렇게 된 거, 쓸데없는 신세 한탄은 그만 거두고 괜찮은 어른으로 자리매김하고 싶다. 그러나 지금껏 별 볼 일 없는 인간으로 살아왔기에 이대로라면 미래에는 별 볼 일 없는 늙은 인간밖에는 되지 못할 것이다. 어떻게 하면 별 볼 일 있는 어른이 될 수 있을까. '어려운 이웃을 위해 기부를 해야 하나? 아냐, 내 코가 석 자인데 기부는 무슨 기부. 그래, 돈 대신 몸으로 봉사가 좋겠다! 보자, 보자. 어디에서 무슨 봉사를 해야 하나…….' 기부든 봉사든 어느 하나라도 행동으로 옮길 기미 전혀 없이, 꼼짝없이 드러누운 채 휴대 전화만 만지작거리던 나를 벌떡 일으킨 건 현미 선생님의 별세를 알리는 뉴스였다.

갑작스러운 비보에 놀란 건 나뿐만이 아니었는지 그녀의 명복을 비는 댓글이 줄을 이었다. 황망함을 감출 길 없어 말을 잇지 못하는 문장과 힘찬 노래를 더는 듣지 못해 아쉬워하는 문장 사이에서 그녀와의 짤막한 추억을 이야기하는 댓글들에 유독 눈이 머물렀다. 아르바이트를 하고 있는 편의점에 종종 들르셨는데 매번 구운 계란과 바나나 우유를 사 주셔서 고마운 마음이 들었다. 같은 동네에 살아 오다가다 마주치곤 했는데 항상 밝은 표정으로 인사해 주셔서 덩달아 기분이 좋았다. 기차에서 옆자리에 앉았던 일이 있는데 두런두런 이야기를 나누며 즐거운 시간을 보낸 일이 잊히지 않는다. 그러고는 모두가 입을 모아 말했다. 좋은 분이셨다고 말이다.

당신은 잊었을지도 모를 작은 친절이 하나하나 모여 좋은 사람으로 회자되는 모습이 가슴을 울렸다. 그동안 나는 스치는 인연을 어찌 대해 왔을까. 내가 만일 세상을 떠난다면 그들은 나를 어떠한 사람으로 기억해 줄까. 계산하는 편의점 아르바이트생과 눈이라도 마주칠 새라 땅만 보고 있는, 함께 수련하는 요가원 사람들에게 단 한 번도 먼저 인사를 건넨 적 없는, 저 멀리에서 사람이 걸어오는 걸 분명 보았음에도 엘리베이터 닫힘 버튼을 눌러 버리는 내 모습이 차례로 떠올라 얼굴이 화끈 달아올랐다. **지금부터라도 작은 친절을 모으다 보면 나도 좋은 어른이 될 수 있으려나. 그래, 해 보자. 어려운 일도 아니잖아.** 안녕히 가시라고 인사하는 편의점 아르바이트생에게 좋은 하루 보내시라며 눈인사를 했다. 나보다 그가 더 겸연쩍어 하는 것 같았지만 어쨌건 성공! 친절 도장 한 개 적립이다. 요가 수업이 끝난 후 사방으로 고개를 숙여 가며 나마스테를 연발했다. 이 여자가 웬일이래, 하는 눈빛을 받기는 했으나 하여튼 성공! 친절 도장 또 한 개 적립이다. 집으로 올라가는 엘리베이터 안, 한 손에는 장바구니를 들고 또 다른 손으로는 아이의 손을 맞잡은 엄마에게 몇 층에 가시느냐 물었다. 대답을 들은 내가 버튼을 누르자 돌아오는 건 감사하다는 인사가 아닌 아이의 울음소리였다. "으앙! 내가 누르려고 했는데!" 이건 성공일까 실패일까. 에라, 모르겠다. 친절 도장 반 개 적립이다.

26 오늘의 미션

________ 한 번에 친절 도장 하나.

☛ 아주 사소한 친절이라도 괜찮으니 마음속에 친절 도장을 하나씩 찍어 보세요. 작은 친절이 모여 결국 '괜찮은 어른'이 되는 거니까요.

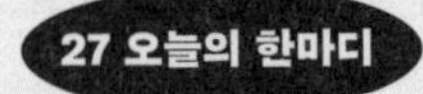

나는 우리 가족의 사장,
남편은 직원.

◆ 뜻풀이

가족은 여러 구성원이 모인 하나의 작은 회사다. 사장의 마음가짐으로 각자의 역할을 존중하고 효율적으로 협력하면 가정이라는 회사는 더욱 화목하게 굴러간다.

◆ 변형

나는 우리 가족의 사장, 아이들은 좌충우돌 인턴.

나는 우리 가족의 사장, 시댁은 깐깐한 외부 감사 위원회.

어, 그래.
밥 먹였다고?
수고했어.
강서 05
살펴
가십쇼!

가족 같은 회사

"나 이혼할 거야." 언니가 폭탄선언을 했지만 우리 가족은 크게 놀라지 않았다. 백수가 체질인 형부는 남편감으로 빵점이었기 때문이다. 본인이 원한 일이었음에도 언니는 심각한 이혼 후유증을 앓았다. 그러나 시간보다 더 좋은 약은 없음을 증명이라도 하듯 지금의 언니는 잘 먹고 잘산다. 다니엘 헤니를 닮은 남자와 연애도 하고 웨이트 트레이닝, 테니스, 수영에 심지어는 폴 댄스까지 섭렵하면서 말이다. 사람들은 이런 언니가 도대체 뭐 하는 여자인지 궁금해하곤 한다. 한번은 수영장 아주머니들이 결혼했냐고 묻기에 이혼했다고 당당하게 대답했더니만 한 분이 나지막이 귓속말을 했단다. "부럽다!"

많은 기혼자가 이혼을 꿈꾼다. 하지만 아름다운 이별은 사별밖에 없다는 누군가의 말처럼 이러저러한 지질한 상황에 발목이 잡히는 경우가 대부분이다. 더는 함께 살고 싶지 않지만 따로 살 이유가 딱히 없어 참는 사람, 경제적 능력이 뒷받침되지 않아 참는 사람, 집값이 폭락해 재산 분할 시 큰 손해를 볼 수 있으므로 반등을 기다리며 참는 사람도 보았다. 사실, 이러한 이유들이야 돌파구를 찾으면 그만일 테다. 그러나 아이가 있다면 이야기가 달라진다. 연년생 남매를 키우는 내 친척 동생 역시, 이혼하고 싶다며 울고불고 난리를 쳤지만 결국은 아이들 때문에 마음을 접었다. 한부모 가정에서 자란 제 삶을 아이들에게까지 물려주고 싶지 않다는 까닭에서였다.

이런 친척 동생의 낙은 우리 집에 놀러 와 내가 차려 주는 밥을 먹는 것이다. 상차림이 변변치 않아도 동생은 게걸스레 밥그릇을 비운다. 꿀맛과도 같은 남편 험담을 반찬으로 삼는 덕이다. 그래도 살 맞대고 사는 사람한테 너무 심한 말을 하는 거 아니냐고 내가 핀잔을 놓으면 동생은 나름의 항변을 한다. "나도 예전에는 아줌마들이 남편 욕하는 거 이해 안 갔거든? 근데 내가 아줌마가 돼 보니까 이렇게라도 안 하면 스트레스를 풀 수가 없어. 언니, 이건 가정을 유지하기 위한 수단이야." 그렇다면 이 언니가 듣고만 있을 수는 없지. 나는 "진짜?" "어머!" "미친 거 아냐?" 격렬하게 맞장구를 치며 동생의 가정 유지에 이바지하였다. 그렇게 한참 동안 한풀이를 하던 동생이 돌연 이상 행동을 보였다. 입으로는 쉴 새 없이 거친 소리를 내뱉으면서도 손으로는 남편에게 메시지를 보내는 것이 아닌가? 동생은 당신을 헐뜯고 있다는 얘기를 제외한 모든 상황을 남편에게 보고했다. 지금 어디에서 누구랑 무얼 먹고 있으며 아이들 하원은 이때쯤 시킬 테니 걱정하지 말라고 말이다. 여태껏 복에 겨운 투정을 한 거냐며, 결혼 못 한 노처녀를 놀리는 거냐며, 역성을 들어 준 내가 도대체 뭐가 되냐며 툴툴거리자 동생이 답답하다는 표정을 지어 보였다. "나 참, 이 언니 또 모르는 소리 하네. 난 지금 가족이라는 회사를 운영하는 거야."

이어지는 동생의 말은 이러했다. 가정을 원활하게 굴리기 위해서는 육아, 집안일, 경제 활동은 물론 자질구레한 잡일 오만 가지를 배우자와 적절히 나누어서 해야 한다. **그녀는 이혼하지 않기로 마음먹은 후 스스로를 사장으로, 남편을 직원으로 생각하기 시작했다. 무릇 사장이라면 직원이 회사 생활에 만족할 수 있도록 관리해야 하지 않겠는가**. 그리하여 동생은 내키지 않아도 이렇게 메시지도 보내고 직원 복지를 위해 주말에는 함께 여행도 다닌단다. 결혼은 사랑하는 사람과 하는 것이 아니라 인생을 함께 일구어 나갈 동반자와 해야 하는 것이라는 어른들의 말씀이 이해되는 순간이었다.

동생은 시계를 흘끔 보더니만 무거운 몸을 애써 일으켰다. 집밥을 좋아하는 남편에게 저녁으로 김밥을 싸 주기로 약속

했단다. 우리 집 냉장고를 거덜 내 놓고서도 김밥이 들어갈 구석이 있느냐는 나의 물음에 동생이 대답했다. "나는 배불러도 직원 식사는 챙겨야 할 거 아니야. 굶기고 일 시키면 불만이 생기겠어, 안 생기겠어?" 나는 그런 동생을 의전하는 셈 치고 정류장까지 배웅했다. 기사 딸린 대형 버스를 타고 집으로 향하는 동생의 모습이 제법 사장님처럼 보이기도 했다. 그나저나 내 동생은 언제 퇴근해서 언제 마음 편히 쉬려나. 회사 중에 가족 같은 회사가 제일 힘들다더니만 그 말이 참말이지 싶다.

27 오늘의 미션

나는 우리 가족의 ________,
________ 은(는) ________.

☛ 사장은 직원의 복지 향상을 위해 노력해야 합니다. 가족이라는 직원은 마음이 너그러워 대단한 복지를 요구하지 않지요. 조금은 쑥스럽겠지만 진심을 담아 "고마워" 하고 말해 보세요. 그것만으로도 회사를 향한 충성심이 고취될 테니까요.

28 오늘의 한마디

유별난 저 사람은 별종인가 봐.

◆ 뜻풀이

다른 사람을 온전히 이해하는 일은 불가능에 가깝다. 그저 나와 다른 종이라 생각하면 관계에서 오는 불편함이 줄어든다.

◆ 변형

특권 의식에 사로잡힌 저 사람은 희귀종인가 봐.

나와 맞지 않는 저 사람은 변종인가 봐.

인간 도감

사람에게도 종이 있을까?

독일의 철학자 쇼펜하우어는 예민한 사람이었다. 이발사가 자신의 목을 벨까 봐 면도를 맡기지 않았고, 혹여나 불이 날까 두려워 2층 방에서는 잠을 자지 않았다. 내 집 마련의 꿈을 키워 가며 매물을 살펴보는 요즘, 화재 시 탈출의 용이성을 고려하여 2층 이하의 집만 보는 나로서는 그에게 깊은 동질감을 느끼지 아니할 수 없었다. 그와의 결이 이다지도 비슷하다 보니 쇼펜하우어가 전한 고슴도치 우화 역시 내 가슴을 울리기에 충분했다. **어느 겨울날, 온기가 필요했던 고슴도치 몇 마리가 서로의 가시에 찔려 가며 붙었다 떨어지기를 반복했단다. 그는 말했다. 타인에게서 따스함을 얻고자 한다면 그가 주는 상처는 감당해야 한다고 말이다.**

얼마나 많은 세월을 사람에게 찔리며 살아왔던가. 그동안의 경험을 발판 삼아 웬만해서는 타인에게 곁을 주지 않지만 그럼에도 이따금 깊은 상처를 받곤 한다. 죄가 있다면 최선을 다해 일한 죄밖에 없는 나에게 비난을 퍼붓는 사람, 솔직함이 장점이라 믿었건만 알고 보니 하나부터 열까지 나를 속인 사람,

한 푼 두 푼 모은 돈을 빌려 가더니만 깜깜무소식인 사람까지. 그들을 이해해 보려 갖은 애를 써 보아도 좀처럼 납득이 되지 않는다. 열 길 물속은 알아도 한 길 사람 속은 모른다더니. 사람 속이 얼마나 시꺼머면 그 속이 보이질 않을까. 생각을 거듭하다 보면 종내에는 인류애를 잃고야 만다.

타인으로부터의 따스함이 다 무엇이더냐. 따끈한 방바닥에 등을 지지며 을씨년스러운 나날을 버티던 어느 날, 친구로부터 육개장을 먹으러 가자는 연락이 왔다. 방바닥이 아무리 따끈하기로서니 텅 빈 뱃속까지 데워 줄 수 없는 노릇이었다. 차를 끌고 갈 테니 빨리 준비하라는 친구의 말에 서둘러 겉옷을 꿰어 입었다. 우이동을 향해 차를 모는 친구에게 "얼마나 대단한 걸 먹겠다고 거기까지 가?" 하며 투덜댄 것은 잠시였다. 곧이어 도착한 육개장집 곁으로 계곡물이 흐르는 모습을 보고서 감탄을 금치 못했으니 말이다. 뜨끈한 육개장과, 코끝을 스치는 차가운 바람과, 귓가를 졸졸 간질이는 계곡물 소리는 환상적인 삼합을 이루었다.

"내가 말이야. 온갖 군데 다 다녀봤어도 말이야. 여기처럼 맛있는 데는 또 못 봤다니까?" 목소리가 들려오는 쪽으로 시선을 옮기자 술기운이 잔뜩 올라 얼굴이 벌게진 할아버지가 눈에 들어왔다. 그는 익살스러운 목소리로 이어 말했다. "그래서 말인데 말이야. 딱 한 병만 더 마시자, 한 병만 더!" 할아버지는 이제 그만 일어나자는 일행의 짜증에 아랑곳하지 않고 안주 삼을 두부조림을 주방에서 얻어 왔다. 그 모습을 잠자코 지켜보던 친구가 "어째 미래의 내 모습을 보는 것 같으냐" 하며 배실배실 웃더니만 빈 그릇을 들고 주방으로 향했다. 도대체 무어라 아양을 떨었는지 모르겠으나 두부조림을 수북이 받아 온 모습에 내 얼굴이 다 화끈거렸다.

두부조림을 먹는 친구와 할아버지의 모습이 근경과 원경으로 보였다. 그러고 보니 두 사람은 부자라고 해도 믿을 만큼 닮아 있었다. 어쩜, 모자를 삐뚜름하게 쓴 껄렁한 겉모습은 물론 염치없는 행동 양식까지 흡사할 수 있을까. **나는 사람에게도 강아지처럼 종이 있는 거 아니냐며, 그렇지 않고서야 너와 저 할아버지가 이다지도 비슷할 순 없다며, 나더러 그렇게 행동하라는 건 벌칙 수행과 다름없다고 킥킥 웃었다.** 친구는 엉뚱한 소리를 하는 나를 별종 보듯 바라봤다. 그래, 다른 갈래의 사람을 이해한다는 건 불가능하겠지. 저마다의 다름을 인정하고 그저 받아들이는 것, 우리가 할 수 있는 일의 전부 아닐까.

그때 "쓰읍!" 하는 소리와 함께 계곡 쪽으로 투명한 물줄기가 뻗어 나갔다. 한 병만 더 마시자는 할아버지의 주정을 참을 수 없었던 일행이 잔에 남아 있던 소주를 뿌려 버린 것이다. "아니, 아까운 술을 왜 버리고 그래. 히히, 알았어. 안 마셔, 안 마시면 되잖아!" 나는 터져 나오는 웃음을 애써 참으며 소리 낮춰 말했다. "봐, 강한 자 앞에서 꼬리를 내리는 모습도 너랑 똑같아." 나의 말을 부인할 수 없다는 듯 친구도 따라 웃었다. 따스해진 배를 문지르며 식당을 나섰다. 할아버지와 그의 일행도 우리의 뒤를 따라 나왔다. "잘 먹었네." "다음에 봐." "그래, 조심히 들어가고." 저마다 다른 사람들이 서로 다른 갈래의 길로 걸어갔다.

28 오늘의 미션

__________은(한) 저 사람은

__________인가 봐.

☛ 도무지 이해할 수 없는 사람이 있다면, 그를 이해하려 노력하기 보단 종의 이름을 지어 주세요. 급발진종, 무논리종, 내로남불종. 나와 다른 사람이라는 사실이 확연히 느껴지죠?

29 오늘의 한마디

옆집에 사는 남동생은 게임을 좋아해.

◆ 뜻풀이

사촌보다 가까운 이웃사촌. 소음과 냄새를 공유하며 살아가는 공동 주택에서, 작은 배려와 긍정적인 시각이 평화로운 일상을 만든다.

◆ 변형

윗집에 사는 이모부는 노래를 좋아해.

아랫집에 사는 언니는 청국장을 좋아해.

401
402
403
404

옆집에 사는 남동생

이리 보고 저리 보아도 그저 하얗기만 한 도화지에도 앞면과 뒷면이 존재한다. 고등학생 시절, 입시 미술 학원에 다니면서 알게 된 사실이다. 보기 좋은 그림을 그리려면 앞면을 선택하는 편이 좋다. 뒷면에 비해 매끄럽기 때문이다. 도화지의 앞뒤를 구별하는 방법은 저마다 다르다. 누군가는 연필로 선을 그어 눈으로 확인하고 또 다른 누군가는 표면을 매만지며 손으로 느껴 보기도 한다. 눈썰미도 없고 촉감도 둔한 나는 나만의 방법을 찾아냈다. 그건 바로 가만히 눈을 감고 소리를 들어 보는 것이다. 매끈매끈한 앞면에 선을 그으면 '삭삭' 높은 소리가 나고, 거슬거슬한 뒷면은 '슥슥' 낮은 소리를 낸다.

이다지도 소리에 예민한 내가 서울에 상경했을 때 무한한 해방감을 느꼈던 이유는 귀 따가운 엄마의 잔소리에서 벗어났기 때문일 것이다. 하지만 그 기쁨도 잠시. 서울은 내가 살던 경기도 끝자락보다 열 배쯤 시끄럽고 백 배쯤 정신없는 도시였다. 어딜 가든 바글바글한 사람들이 와글와글 떠들어 대고, 커다란 버스들이 코끼리 방귀 뀌듯 뻥빵거리며 도로를 오가는 데다가, 거리마다 울려 퍼지는 현란한 유행가 탓에 귀가 편할 날이 없었다. 마음 같아서는 한적한 시골에 내려가 새소리를 벗 삼아 살고 싶지만, 하루가 멀다고 로켓 배송을 시키는 걸 보면 아무래도 귀촌은 다음 생에나 가능하지 싶다.

왕관을 쓰려는 자가 그 무게를 견뎌야 한다면 로켓 배송을 이용하려는 자는 도시의 소음을 견뎌야 한다. 하필이면 왕복 팔차선 사거리에 위치한 오피스텔을 얻은 바람에, 자동차 소음은 물론 사이렌 소리까지 감내하며 사는 중이다. 잠을 자려 자리에 누우면 거짓말 조금 보태 노숙하는 기분이 들기도 한다. 이사를 할까 이따금 고민하기도 하지만 쉬이 실행에 옮기지 않는 이유는 적어도 층간 소음이나 벽간 소음에 시달린 적은 없기 때문이다. 무엇이든 일장일단이 있는 법. 사람 소리에 들볶이지 않는 게 어디란 말인가. 작지만 옹골차게 지어진 이 집이 그럭저럭 마음에 든다.

그런데 얼마 전부터 부동산 앱을 들락거리고 있다. 매일 밤 11시부터 12시까지, 웬 남자의 술주정에 고통받고 있기 때문이다. 1층 편의점에서 술을 마시고 주사를 부리는 소리가 창문 새로 흘러들어 오는 듯했다. "으악, 야야야야야! 너 지금 뭐

하는 거야. 여기로 오라고, 여기로! 아우, 답답해. 내가 콱 죽어 버리든가 해야지, 진짜!" 처음에는 받아 주는 이도 없건만 혼자서 펄펄 뛰는 그이가 딱하게 느껴졌다가, 며칠 후에는 어쩜 하루도 거르지 않고 술을 마실 수 있을까 혀를 내둘렀다가, 열흘쯤 지났을 무렵에는 도대체 뉘신지 그 잘난 얼굴을 보려고 창밖으로 빼꼼 고개를 내미는 지경에 이르렀다. 하지만 아무리 둘러보아도 그 사람의 모습은 보이지 않았다.

그렇게 부득부득 이를 갈던 어느 날 밤 또다시 그이의 목소리가 들려왔다. 스트레스를 이기지 못한 나는 이불을 뒤집어썼다. 그런데 눈을 감고 가만히 들어 보니 그 소리의 근원은 창밖이 아니었다. 옆집, 바로 옆집이었다. 벽에다 귀를 가져다 댔다. 술주정인 줄로만 알았던 그이의 혼잣말은 헤드폰을 쓴 채 게임을 하며 친구와 주고받는 과격한 대화였다. 오호라, 잘 걸렸다. 인터넷에서 본 효과적인 경고 쪽지 쓰는 방법을 드디어 써먹을 때가 왔구나. 길을 걷다 받은 일수 광고지 뒷면에다가 깡패 같은 글씨체로 '그동안 많이 참아 왔습니다. 더는 자극하지 마세요'라고 갈겨쓰는데 문득 이런 생각이 들었다. 이렇게 벽간 소음이 심한데 그동안은 어째서 들리지 않았던 것일까? 그제야 나는 알았다. 옹골찬 집이라서 조용했던 게 아니라 대화를 주고받을 사람 없이 혼자 사는 탓에 적막할 수밖에 없었다는 사실을 말이다. 고단한 하루를 보내고 와 고작 한 시간, 취미 생활을 즐기며 피로를 풀려는 사람에게 그마저도 즐기지 못하게 한다면 얼마나 숨통이 조일까. **나는 생각을 고쳐먹기로 했다. 게임을 좋아하는 목소리 큰 남동생과 한 지붕 아래 산다고 말이다. 얄미워 죽겠지만 마음 넓은 누이가 참아 줘야지. 그런데 내 동생도 이런 나를 닮아 이해심이 깊은 듯하다. 밤이면 밤마다 적적함을 이기지 못해 목청껏 부르던 이 누나의 노래를 못 들은 척해 주다니.** 미안하고 고맙다. 앞으로도 잘 부탁해!

29 오늘의 미션

________를 좋아해.

☛ **은연중에 나를 괴롭히는 이웃이 어떤 습관을 지녔을지 상상해 보세요. 또한, 그들이 참고 있을 나의 습관은 무엇일지도 생각해 보세요. 곰곰이 따져 보면 비등비등, 무승부입니다.**

30 오늘의 한마디

개망신으로 나를 사회화해 주는 고마운 사람.

◆ 뜻풀이

나를 불편하거나 고통스러운 상황에 놓이게 하는 사람이 있다면, 그들의 행동을 나를 위한 귀한 가르침으로 받아들여 보자.

◆ 변형

절교로 나를 반성하게 만드는 고마운 절친.

양다리로 나를 각성하게 해 주는 고마운 애인.

이런 식으로
사회생활하다가는
큰코다친다는 거
몰라요?
사람이 이렇게
무책임하면
어쩌자는 거예요?
아이고,
감사합니다.

귀한 잔소리

아버지는 나를 갱생의 길로 이끌기 위해 긴긴 시간 동안 똑같은 잔소리를 우직하게 반복해 왔다. 한 가지 일에 꾸준히 정진한 사람은 대가라 불러야 마땅하니 나의 아버지를 '잔소리의 대가'라 불러도 손색이 없겠다. 하지만 때가 되면 자리에서 물러날 줄도 알아야 하는 법. 요즘의 아버지는 잔소리가 아닌 침묵을 즐긴다. 나를 독립된 성인으로 인정해 줬다기보다는 당신 말을 들을 가망이 보이지 않기에 포기한 것에 가깝기는 하지만 말이다.

아버지의 등쌀에 못 이겨 함께 잔소리 공격을 퍼붓던 어머니도 이제는 듣기 싫은 소리를 하지 않는다. 이따금 좋은 기초화장품을 바르라거나 보톡스를 맞으라는 이야기를 하기는 하지만, 그건 딸내미의 모습이 안쓰럽기에 하는 일종의 권유일 뿐 잔소리 축에는 끼지 못한다. 내 부모도 나에게 잔소리를 하지 않으니 세상 그 누가 나를 나무랄 수 있으랴. 가까운 사람과는 우스갯소리를, 그보다 먼 사람과는 입에 발린 소리를 주고받으며 지내는 나날이 전에 없이 편안하기만 하다.

그런데 이런 평화로운 일상에 금이 갔다. 창작자를 위한 계약서 작성 수업이 있다는 소식을 지인에게서 들은 게 화근이었다. 나름대로 글 좀 읽고 써 온 나이건만 낯선 단어로 가득한 출판 계약서 앞에서는 속절없이 작아지곤 했었다. 저번에도 같이 일했었으니까. 표준 계약서에 준했다고 하니까. 이번에도 별문제 없겠지, 뭐. 계약서를 완벽하게 이해하지 못했다는 사실을 내심 찝찝해하면서 사인을 해 왔던 터라 이번 기회에 확실하게 알아 두면 좋겠다 싶었다. 그리하여 아무런 망설임 없이 수강 신청서를 작성했고 수업을 들으려는 이유를 적으라기에 이러한 사연도 함께 기재했다.

대망의 수업 날이 되었다. 추적추적 내리는 비도 배움의 열기를 식힐 수 없었다. 강의실은 만석이었다. 단 한 자리, 강사가 서 있어야 할 단상만 빼고 말이다. 그는 예정된 시간보다 십 분 늦게, 그것도 껌을 씹으며 강의실 문을 열고 들어왔다. 그러고는 미안하다는 말을 하는 둥 마는 둥 하며 수강 신청서를 훑어보더니만, 아니 글쎄 나의 수강 동기를 짜증 섞인 목소리로 낭독하는 것이 아닌가? “저는 이런 분을 보면 화가 납니다. 이해하지 못한 계약서에 사인한다는 게 말이나 되는 소립니까? 자기 일에 대한 일말의 책임감이 없잖아요.”

얼굴이 화끈했던 것도 잠시, 마음 깊은 곳에서부터 분노가 끓어올랐다. '이거 봐요, 아저씨! 내가 모르니까 배우러 왔지 알면 미쳤다고 여기까지 왔겠어요? 그리고 일에 대한 책임이 없는 건 당신도 마찬가지야. 늦었잖아. 십 분이나 늦었잖아!' 여기에서 주목해야 할 점은 이 말이 작은따옴표로 묶여 있다는 사실이다. 소심한 나는 찍소리도 하지 못하고 고개를 숙였다. 붉으락푸르락 달아오르는 얼굴을 들키고 싶지 않았기 때문이었다. 이윽고 수업이 시작되었다. 그러나 강사의 말은 귓가를 스치듯 지나갔다. 머릿속이 시끄러운 탓에 수업 내용이 들어올 자리가 없었다.

집으로 돌아가는 길, 애먼 핸드폰에다 화풀이하듯 화면을 신경질적으로 누르고 쓸어 올리기를 거듭했다. 그런 나의 손을 멈추게 한 건 '보고합니다'라는 제목의 이메일을 상사에게 보냈다가 꾸중을 들었다는 어느 네티즌의 글이었다. 그는 "통보하는 듯한 제목이 적합하지 않다"며 지적을 당했는데 자기가 잘못한 것이냐 묻고 있었다. 사람들은 너도나도 글쓴이의 편을 들었다. 그런데 그사이, 눈에 띄는 댓글이 하나 있었다. '사회에서는 뒤에서 흉을 보거나 인사 고과에 반영하고 말지, 대놓고 싫은 소리를 하는 경우는 많지 않다. **미운털 박혀 가며 행동을**

바로잡아 준 사람에게 고마운 마음을 가져 보도록 해라.'

하기야 그 강사가 한 말 중 틀린 건 하나 없다. 만에 하나 일이 잘못됐을 때 믿을 건 계약서뿐인데 내가 너무 안일했던 건 사실이었다. **따끔한 소리를 들어 맘이 아프긴 했지만, 그 덕에 경각심을 갖게 됐으니 이만하면 남는 장사였다.** 어디에서도 들을 수 없었던 잔소리를 샀다고 생각하니 수강료도 아깝지 않았다. "우웅!" 때마침 진동이 왔다. 수강 후기를 작성해 달라는 주최 측의 문자 메시지였다. 나는 그에게 고마움을 표하려 '강사께서 지각을……'로 시작하는 문장을 써 내려갔다. 억하심정을 품었다는 오해는 금물! 귀한 잔소리를 주고받았으니 이것이야말로 상부상조 아닌가.

30 오늘의 미션

________(으)로 나를 ________해 주는 고마운 ________.

☛ 쓴소리는 단어만 보아도 너무 씁니다. 듣는 이의 입장에서 달갑지 않다는 소리지요. 하지만 '듣기에는 거슬리나 도움이 되는 말'이라는 뜻을 지녔다는 사실을 알면 기꺼이 받아들일 수 있습니다. 나를 괴롭혔던 상대방의 말이나 행동을 하나 떠올려 보고, 그것이 나의 인생에 어떠한 도움이 되었는지 반추해 보세요.